Die abenteuerliche Welt der Tiere

Antje Chomley

Rediroma-Verlag

Bibliografische Information der Deutschen Nationalbibliothek:
Die Deutsche Nationalbibliothek verzeichnet diese Publikation in der Deutschen Nationalbibliografie; detaillierte bibliografische Daten sind im Internet über http://dnb.ddb.de abrufbar.

ISBN 978-3-96103-266-2

Neuauflage der Bücher
»Ein Jahr im Zauberreich der Tiere« & »Neue Geschichten aus dem Zauberreich der Tiere«

Covergestaltung: Antony Chomley
Bilder: www.freepik.com & https://pixabay.com

www.rediroma-verlag.de
11,95 Euro (D)

Die abenteuerliche Welt der Tiere

Antje Chomley

Inhaltsverzeichnis *Seite*

Jonas und der Ulk

Die Vorhänge mit den lustigen Tiermotiven in Jonas´ Kinderzimmer waren zugezogen. Sie bewegten sich sachte im leichten Sommerwind, der durch das geöffnete Fenster wehte. Der kleine Junge mit dem rotblonden Wuschelkopf lag in seinem Bett und schlief. Soeben war der Arzt bei ihm gewesen. Für den Doktor war es ein Rätsel, weshalb der Kleine seit einigen Tagen so hohes Fieber hatte. Die Medizin half nicht, und auch nicht die kalten Wadenwickel, die die Mutter ihrem Kind machte, damit die Temperatur herunter ging.

Unruhig wälzte Jonas sich in seinem Bett hin und her. Er träumte, dass er mit seinem Vater im Garten herumtollte. Lachend warf sein Papa ihn hoch in die Luft und fing ihn wieder auf. Jonas quietschte vor Vergnügen.

Doch in Wirklichkeit war sein Vater vor zwei Wochen weggefahren. Als Ingenieur musste er viel reisen. Dieses Mal würde er sogar ein ganzes Jahr lang fort sein. Er musste in Australien, am anderen Ende der Welt, eine hohe Brücke bauen. Das war ganz wichtig. Er, Jonas, verstand das auch, schließlich war er schon sieben Jahre alt, trotzdem vermisste er seinen Papa ganz furchtbar. Wer sollte denn jetzt mit ihm Fußball spielen? Mama war zwar lieb und konnte prima Pfannkuchen backen, aber von Fußball hatte sie absolut keine Ahnung. Sie würde die Spielregeln *nie* begreifen!

Plötzlich erwachte der Junge. Doch was hatte ihn geweckt? Es hatte sich angefühlt, als sei etwas auf seine Bettdecke geplumpst. Mühsam öffnete er die Augen. Was war denn das? Mitten auf seiner Zudecke hockte das seltsamste Wesen, das er je gesehen hatte und grinste ihn fröhlich an.

»Wer oder was bist du denn?«, fragte Jonas erstaunt. Neugierig betrachtete er den Besucher.

»Ich bin Ulk«, antwortete das Wesen. »Du brauchst dich nicht vor mir zu fürchten.«

»Ich habe keine Angst vor dir«, erwiderte der Junge. »Im Gegenteil, du siehst lustig aus.«

Und damit hatte er Recht. Ulk sah einem Meerschweinchen sehr ähnlich. Er hatte ein gutmütiges, faltiges Gesicht, spitze Eselsohren und einen unglaublich langen Schwanz mit einer Quaste am Ende. Doch das Tollste an ihm war sein dichtes, rotblondes Fell.

»Dein Pelz hat ja die gleiche Farbe wie meine Haare«, bemerkte Jonas staunend.

»Stimmt! Aber im Gegensatz zu dir kann *ich* dafür sorgen, dass mein Fell die Farbe wechselt. Je nachdem, in welcher Stimmung ich gerade bin.«

Der Junge grinste: »Das kann meine Mama auch. Sie kann ihre Augenfarbe verändern. Wenn sie gut zufrieden ist, sind sie hellgrün, aber du müsstest mal sehen, wie ihre Augen funkeln und ganz dunkel werden, wenn sie sich erschrickt oder böse wird!«

»Hihihi, das würde ich wirklich zu gerne sehen!«, kicherte das putzige Wesen.

»Sie wird bestimmt bald zu mir kommen und prüfen, ob mein Fieber gesunken ist«, murmelte Jonas.

»Dann sollte ich mich wohl besser beeilen«, grinste Ulk. Er nahm seinen langen Schwanz in die Vorderpfoten und begann ihn wild im Kreis zu drehen; wie ein Cowboy sein Lasso. Dabei murmelte er unverständliche Worte und in null Komma nix war das Kinderzimmer voller bunter Luftballons.

»Uiii, sind die toll!«, freute sich der kranke Junge. Bedauernd fügte er hinzu: »Schade, dass Lara jetzt nicht hier ist. Das ist meine kleine Schwester«, erklärte er. »Sie geht vormittags immer in den Kindergarten. Sie liebt Luftballons und wäre vor Freude bestimmt ganz aus dem Häuschen.«

Da hörten die beiden, wie Jonas´ Mutter die Treppe herauf kam.

»Versteck dich!«, flüsterte der Junge.

»Brauch ich nicht. Deine Mama kann mich nicht sehen«, antwortete Ulk spitzbübisch.

In diesem Moment öffnete sich auch schon die Tür und ein überraschter Schrei ertönte:

»Was ist denn hier passiert? Jonas? Wer war das?«

»Was denn, Mama?«, fragte der kleine Junge mit unschuldigem Blick und schlaftrunkener Stimme.

»Na, die ganzen Luftballons hier. Die muss doch jemand aufgeblasen haben. Von alleine sind die bestimmt nicht herein geflogen!«

»Ich weiß nicht was du meinst«, murmelte Jonas. Dabei steckte er sich verstohlen einen Zipfel seiner Zudecke in den Mund, weil er sonst laut losgeprustet hätte. „Ich bin müde und möchte weiterschlafen.«

»Na gut, ich werde schon noch dahinter kommen, wer das gemacht hat. Aber wehe, wenn du mich verulkst!« Kaum hatte die Mutter das Zimmer verlassen, begannen die beiden Schlingel zu kichern.

»Du hattest Recht. Als deine Mutter herein kam, waren ihre Augen hell, als sie ging, fast schwarz«, gluckste Ulk.

»Das war toll! Was kannst du noch alles?«, fragte Jonas gespannt.

»Oh, so Einiges. Wie wäre es damit?« Das lustige Wesen schloss seine Augen, wisperte wieder leise vor sich hin und aus seinen langen Ohren quollen unzählige, buntschillernde Seifenblasen! Übermütig versuchte Jonas sie zum Zerplatzen zu bringen. Doch jedes Mal, wenn ihm dies gelang, ertönte kein übliches »Plitsch« oder »Platsch«, sondern ein »Iaaah«, »Muuuh« oder »Miau«.

»Was kannst du sonst noch?«, wollte er wissen.

»Oh, zum Beispiel alle Wasserhähne gleichzeitig aufdrehen. Dann sprudelt das Wasser in herrlichen Fontänen heraus. Das ist immer ein ganz besonderer Spaß. Das mache ich aber nur bei Leuten, die ich nicht mag. Oder ich verstecke irgendwelche Sachen. Es ist lustig, zu beobachten, wie die Menschen dann wie verrückt danach suchen. Aber ganz toll ist es, wenn ich mit meinem Bruder zusammen bin«, schwärmte Ulk.

»Wie heißt dein Bruder?«, erkundigte sich Jonas.

»Er heißt Schalk.«

»Und was macht *er*?«

»Nun, Schalk kann sich ganz klein machen. Sein Lieblingsplatz sind die Schultern der Menschen. Dann krallt er sich an deren Nacken fest und flüstert den Leuten Unsinn zu. Die denken dann, es seien ihre eigenen Ideen. Sie fangen an, alberne Sachen zu sagen oder tun lächerliche Dinge.«

»Das hört sich alles sehr lustig an. Ihr beide habt bestimmt immer viel Spaß. Zeigst du mir denn jetzt auch, wie du es anstellst die Farbe deines Fells zu verändern?«

»Tja, das ist nicht so einfach«, überlegte Ulk. »Es kommt immer auf meine Stimmung an. Wenn ich zum Beispiel traurig bin, wird mein Fell lila. Wenn ich mich ärger ist es grün und wenn ich albern und vergnügt bin, schimmert es in allen Regenbogenfarben.«

»*Das* möchte ich gerne sehen! … Bist du kitzelig?«, lachte Jonas und stürzte sich auf seinen neuen Freund. Ulk quietschte und gluckste vor Vergnügen. Er zappelte und strampelte und langsam begann sein Fell sich zu verfärben. Als es herrlich bunt schillerte, ließ der kleine Junge endlich von ihm ab. Staunend betrachtete er die Farbenpracht. »Wenn das doch nur Lara sehen könnte!«, rief er voller Begeisterung.

»Es tut mir leid, aber deine Schwester könnte mich gar nicht sehen«, gestand das Zauberwesen. »Niemand kann das. Nur du!«

»Warum? Und wieso bist du eigentlich zu mir gekommen? Wusstest du, dass ich krank bin?«, fragte Jonas.

»Ja, das wusste ich. Erinnerst du dich an den letzten Sommer, als du dich im Wald verlaufen hattest?« Jonas nickte.

»Dein Freund, der alte Mann der dich bei sich aufgenommen und dir Geschichten erzählt hat, schickt mich. Er weiß, dass dein Vater fort musste und du ihn sehr vermisst. Aus Kummer darüber bist du ja auch krank geworden. Ich bin nun hier, um dich etwas aufzuheitern. Ich werde dir Gesellschaft leisten und dir Geschichten erzählen, damit du bald wieder gesund wirst.«

»Das ist schön«, freute sich Jonas. Er war nun doch ziemlich erschöpft und wollte gerne etwas schlafen. „Und du bis ganz bestimmt nachher noch hier, wenn ich wieder aufwache?«

»Versprochen!«, beteuerte Ulk.

Die beiden kuschelten sich in die weichen Kissen, schlossen die Augen und waren ruckzuck eingeschlafen.

Ulk hielt sein Versprechen. Immer wenn sein kleiner Freund erwachte, erzählte das lustige Wesen ihm eine Geschichte; und von Tag zu Tag ging es Jonas besser. Das Fieber sank und auch sein Appetit kehrte zurück.

Eines Morgens, als Jonas die Augen aufschlug, glaubte er noch zu träumen. Da saß doch tatsächlich sein Vater auf der Bettkante!

Jubelnd fiel der Junge seinem Papa um den Hals. Dieser hatte sich extra ein paar Tage frei genommen und war um den halben Erdball geflogen, um bei seinem kranken Sohn zu sein.

Jonas freute sich riesig, aber er war auch etwas traurig. Ulk war nicht mehr da. Doch die schönen Geschichten, die dieser ihm erzählt hatte, würde er nie mehr vergessen…

Das dichtende Eselchen

Gemächlich trottete der kleine Esel die leicht abschüssige Straße hinab. Wenn es nach ihm gegangen wäre, hätte sein Herrchen ruhig einen Schritt schneller gehen können. Es war ein arbeitsreicher Tag gewesen und der Bauer war müde. Aber Klytemnestro fühlte sich noch frisch und munter. Ja, er hatte es gut getroffen. Er liebte seine griechische Heimat und sein Herr behandelte ihn gut. Er achtete darauf, dass er nicht zu schwere Lasten tragen musste und immer ausreichend Futter bekam.

Bald erreichten sie Klytemnestros Lieblingswiese, auf der er die Nacht verbringen würde. Der Bauer band ihn mit einem langen Seil fest und tätschelte ihm den Hals.

»Bis Morgen, mein Guter. Ruh dich aus«, verabschiedete er sich.

Gerade als der Esel ein Büschel Gras abrupfte und zu kauen begann, kam seine kleine Freundin Crystalina um die Ecke geschossen.

Vor vier Jahren hatten beide am gleichen Tag das Licht der Welt erblickt und seitdem waren sie die besten Freunde.

»Hallo Nestie!« Begrüßte die dreifarbige Katze ihn fröhlich, und rieb ihr Köpfchen an seinem Vorderbein.

Klytemnestro war unsagbar stolz auf seinen Namen. Vor langer Zeit gab es einmal eine Königin namens Klytemnestra und nach dieser war er benannt. Crystalina war die Einzige, die ihn ›Nestie‹ nennen durfte. Er rief sie ja auch meistens ›Cryssie‹.

»Wie war dein Tag?« Fragend schaute die kleine Katze ihren großen Freund an und setzte sich vor ihn hin, wobei sie anmutig ihren Schwanz um die Vorderpfoten schlang.

»Danke, ganz prima. Wir waren oben auf dem Berg und haben nach den Weinbeeren geschaut. Bald können sie geerntet werden. Ich freu mich schon darauf. Und was hast du so gemacht?«, erkundigte er sich.

Die zierliche Mietze grinste. »Na, was wohl. Natürlich die grässlichen Hühner geärgert! Du hättest mal sehen sollen, wie sie auseinander gestoben sind, als ich sie vom Stalldach aus angefaucht habe!«

Klytemnestro wieherte vor Vergnügen.

»Hast du heute wieder etwas gedichtet?«, fragte die Katze ihren Freund.

»Ja, natürlich! Willst du es hören?« Der Esel schluckte rasch das Gras hinunter, welches er noch im Maul hatte und räusperte sich:

»Die Sonne legt sich bald zur Ruh
und ich mach auch die Augen zu.
Es war ein langer Tag, voll Schinderei,
drum schlag ich mir den Wanst jetzt voll und fresse gleich für zwei!«

Crystalina kugelte sich vor Lachen. »Das ist großartig!«, japste sie. »Sag mal, warum schreibst du das alles nicht einmal auf? Du weißt, dass ich dir Papier besorgen kann.«

»Vielleicht sollte ich es wirklich einmal versuchen. Mir geht da sowieso seit einiger Zeit etwas ganz Bestimmtes durch den Kopf«, tat Klytemnestro geheimnisvoll.

Eine gackernde Stimme unterbrach die friedliche Plauderei der beiden.

»Da sind ja wieder die *Unzertrennlichen*! Crystalina und *K l y t e m n e s t r o*.«

Der Störenfried war niemand anderer als das Huhn des Nachbarn. Fanni war schon immer bösartig gewesen. Nun zog sie den Namen des Esels verächtlich in die Länge.

»Wer hat dir eigentlich *diesen* Namen gegeben? Hört sich so nach eingeklemmter Schwanzspitze an!« Begeistert über ihre Gemeinheit stieß Fanni gackernd ihren Kopf vor.

»Du schon wieder«, stöhnte Klytemnestro. »Pass nur auf, dass du nicht eines Tages doch noch in der Pfanne landest. *Dein* Name kündigt das ja schon an.«

»Klytemnestro, Klytemnestro, hat in seinem Fell `nen Floh«, zeterte das Huhn.

»Alte fette Henne du, mach mal deinen Schnabel zu. Mit deinem ständigen ›gack, gack‹ kriegst du eh keinen Hahn mehr ab«, gab der Esel zurück.

»Floh-Pelz, Mottenfell«, keifte Fanni mit heiserer Stimme weiter.

»Du gehässiges Federvieh«, entgegnete Klytemnestro kopfschüttelnd. »Aber, wenn *ich* den ganzen Tag wie eine *Melone mit Federn* herum watscheln müsste, fiel mir wohl auch nichts Nettes mehr ein.«

»Du glaubst wohl, dass du etwas Besseres bist«, giftete die Henne. »Dann erklär mir doch mal, wieso die Menschen deinesgleichen als »störrisch« bezeichnen.«

Klytemnestro wackelte mit seinen langen Ohren. »Nun, das ist ganz einfach: Die Zweibeiner verstehen uns einfach nicht! Wir sind nicht *störrisch*, sondern *vorsichtig*. Esel haben nun mal die Fähigkeit Gefahren zu erkennen. Mit unserer Weigerung, einen unbesonnenen Schritt zu tun, beschützen wir die Menschen!«

»Pah«, schnaubte Fanni verächtlich, »das hast du dir doch gerade ausgedacht!«

»Tja«, grinste Klytemnestro, »da sieht man mal wieder, wie recht die Leute haben, wenn sie euch als ›dumme Hühner‹ bezeichnen. In *deinem* Fall trifft es allemal zu!«

»Du blöder Muli, du!« Beleidigt und mit gespreizten Flügeln verzog sich die Henne endlich.

»Ach, Nestie«, seufzte Crystalina, »warum muss sie immer so gehässig sein? Sie hat ja Glück, dass du so gutmütig bist.«

»Du hast Recht, Cryssie, da hat sie wirklich Glück!« Und schmunzelnd fügte er hinzu:

»Das Leben ist so lebenswert,
doch das Einzige was stört
ist, und dies ist wirklich dumm,
es laufen zu viele Hühner rum.«

Lachend streckten die beiden Tiere sich im warmen Gras aus. Eine Weile lauschten sie schweigend dem Zirpen der Grillen. Ein leichter Wind strich über die Wiese und die ersten Sterne erschienen am Himmel.

»Fanni hat uns vorhin unterbrochen«, begann Crystalina nach ein paar Minuten. »Du sagtest, dass dir etwas durch den Kopf geht. Was meinst du damit?«

»Iaaah!« Klytemnestro nickte und gestand: »Ein Theaterstück! Ich würde schrecklich gerne ein Theaterstück schreiben.«

»Oh, Nestie, das hört sich ja großartig an! Magst du mir erzählen wovon es handelt?«, schnurrte die Mietze begeistert.

Und der Esel erzählte seiner kleinen Freundin von seinem Stück. Kaum hatte er geendet, sprang die Katze auf.

»Ich bin gleich zurück«, rief sie, und mit langen Sätzen sprang sie davon. Sie eilte nach Hause, um Papier und einen Stift zu holen. Crystalina wusste genau, wo ihr Frauchen die Schreibwaren aufbewahrte. Ihre Menschenfrau arbeitete als Archäologin und war manchmal tagelang unterwegs. So würde der ›Diebstahl‹ nicht so bald entdeckt werden.

Es dauerte auch nicht lange, da erschien das Kätzchen wieder. In ihrem Mäulchen trug sie einige Schreibblätter und unter den Schwanz hatte sie sich einen Bleistift geklemmt.

»So«, bestimmte sie, »nun schreib!«

Und Klytemnestro schrieb. Im Licht der Sterne sauste der Stift nur so über das Papier.

Die ersten Sonnenstrahlen kletterten bereits über die nahen Hügel, als er fertig war.

Er streckte sich ausgiebig und verschlang hungrig ein paar saftige Disteln. Dann las er sein Werk noch einmal durch. Ja, er war zufrieden. Er fand sogar, dass es ihm sehr gut gelungen war.

Natürlich handelte es von einem Esel. Diesem war es in seinem Leben nicht so gut ergangen wie ihm, Klytemnestro. Tagein, tagaus musste jener schwere Lasten schleppen und bekam nur wenig zu fressen. Nun war er alt und sollte verkauft werden. Seine liebe Frau und die Kinder waren bereits fortgebracht worden. Jetzt wollte er nur noch seine Ruhe haben und schlafen.

Ja, alles war schön traurig, so wie es sich für griechische Geschichten gehörte. Aber das Ungewöhnliche an seinem Werk war, dass Klytemnestro auch viele lustige Begebenheiten in das Stück eingebaut hatte. Nur der Schluss hatte ihm einige Schwierigkeiten bereitet. Doch auch den hatte er zu seiner Zufriedenheit hinbekommen. Er lautete:

»Langgestreckt lieg ich danieder,
schließe müde meine Lider.

Schwer war sie, die Zeit auf Erden,
doch es kann nur besser werden.
Bald seh´ ich meine Lieben wieder und wir tollen
dann wie dumm
auf den Himmelswiesen `rum.
Iaaah!«

Crystalina hatte die ganze Nacht neben ihren Freund ausgeharrt und war schon ganz zappelig. Sie konnte es kaum erwarten, dass Klytemnestro endlich fertig wurde mit der Schreiberei.

»Ach Nestie, das ist großartig!« Schnurrte sie, nachdem sie es gelesen hatte. »Du bist wirklich ein großer Dichter!« Bewundernd schaute sie zu ihrem Freund empor.

»*D E R*? Ein großer Dichter? Das ich nicht gackere!« Fanni hatte sich unbemerkt an die beiden heran geschlichen. »Ich habe noch nie einen Dichter mit einem ›Mehl-Maul‹ gesehen!«, keckerte sie hochnäsig. Mit ihrer boshaften Bemerkung meinte sie die weiße Zeichnung im Fell um das Maul des Esels.

»So, hast du nicht?«, fragte Klytemnestro grinsend. »Naja, du kennst ja auch nicht den Unterschied zwischen einem *Muli* und einem *Esel.* Woher solltest du dann wissen, wie ein Dichter mit einem weißen *Bart* aussieht. Denn *so* nennt man die Haare, die alte, weise Männer um ihren Mund tragen! Aber so etwas übertrifft natürlich den Bildungsstand eines Federballs auf Beinen!«

Bevor die freche Henne antworten konnte, wandte Klytemnestro sich von ihr ab. Er spitzte die Ohren. Sein ausgezeichnetes Gehör verriet ihm, dass sein Herrchen im Anmarsch war. Mit einem liebevollen Nasenstüber verabschiedete er sich von Cryssie.

Während der Bauer seinem Esel den Arbeitssattel auflegte, schnappte die Katze sich die Schriftstücke und trug sie behutsam nach Hause.

Das Büro ihrer Menschenfrau war mit vielen technischen Apparaten ausgestattet. Die kluge Katze hatte ihr Frauchen oft beobachte, was mit beschriebenem Papier zu tun war. Vorsichtig legte sie nun die Blätter auf ein bestimmtes Gerät und tippte mit ihrer Pfote auf eine gekennzeichnete Taste.

Bereits einen Augenblick später begann der Apparat zu piepsen und zu surren. Ein Schriftstück nach dem anderen verschwand in dem Kasten und wurde auf der anderen Seite wieder ausgespuckt. So, das war erledigt. Nun konnte das Schicksal seinen Lauf nehmen.

Zufrieden rollte Crystalina sich auf der sonnenüberfluteten Terrasse zusammen und schlief ein.

Die kommenden Tage verbrachten die beiden Freunde in fiebriger Erwartung. Zwei Wochen lang wurde ihre Geduld auf eine harte Probe gestellt. Dann war es endlich soweit! Heute war die Antwort gekommen. Aufgeregt hatte die kleine Katze sich das Schreiben geschnappt und wartete nun voller Ungeduld auf die Heimkehr ihres Freundes. Endlich bogen er und sein Herrchen um die Ecke.

»Nestie, Nestie!« Mit großen Sprüngen lief sie dem Esel entgegen. »Es ist Post für dich gekommen! Der Brief ist vom Theater!«

»Ja, was hast du denn da?« Neugierig beugte der Bauer sich zu Crystalina hinab und nahm ihr das Schriftstück ab. Während er las, weiteten seine Augen sich ungläubig.

»Das gibt es doch gar nicht!« Stotterte er und starrte überrascht Klytemnestro an. »*Du* hast ein Theaterstück geschrieben? Donnerwetter! Was hab ich doch für einen tollen Esel!« Erfreut streichelte er seinem Tier über den Rücken.

»Ist das wahr?« Auch Klytemnestro wurde plötzlich ganz aufgeregt. »Ist das wirklich wahr?«, fragte er immer wieder.

»Ja, Nestie«, bestätigte Crystalina es ihm. »Schon am kommenden Wochenende wird es aufgeführt!«

Außer sich vor Freude tollten die beiden Tiere umher. In seinem Übermut sprang Klytemnestro mit allen Vieren gleichzeitig in die Luft. Dabei hätte er seinem Herrchen fast einen Tritt verpasst.

Am Wochenende machte der Bauer sich mit seinem Esel auf den Weg in die nahe Stadt.

Das Theater war bis zum letzten Platz mit Zuschauern gefüllt. Alle wollten sie sehen, was der Esel sich ausgedacht hatte. Gespannt schaute Klytemnestro sich um. Würde den Leuten sein Stück gefallen? Da erklang auch schon der Gong und der Vorhang hob sich. Augenblicklich verstummten die Gespräche und alle verfolgten gebannt das Geschehen auf der Bühne. Wie der Esel es sich vorgestellt hatte, weinte und lachte das Publikum genau an den dafür vorgesehenen Stellen. Und dann fiel der Vorhang. Die Aufführung war zu Ende. Ein paar Sekunden blieb es totenstill, doch dann brandete der Applaus auf. »Bravo«, »großartig«, »wunderbar«, ertönte es von allen Seiten und der Beifall wollte gar kein Ende nehmen.

Total erschöpft aber unendlich glücklich kehrte Klytemnestro mitten in der Nacht in sein Dorf zurück. Crystalina erwartete ihn bereits sehnsüchtig. Voller Ungeduld bestürmte sie ihn mit Fragen und wollte ganz genau wissen, wie es gewesen war.

Nachdem der Esel seiner Freundin ausführlich alles erzählt hatte, ertönte aus dem nahen Hühnerstall ein mordsmäßiges Gegacker. Doch die beiden störten sich nicht daran. Sie kuschelten sich eng aneinander geschmiegt in das warme Gras und schlossen zufrieden ihre Augen.

»Jetzt weiß ich, warum man Katzen mit dreierlei Farben im Fell *Glückskatzen* nennt«, murmelte Klytemnestro kurz vor dem Einschlafen. »*Du* bist auf jeden Fall eine!«

Der folgende Tag brachte einige Aufregungen. Bereits in den frühen Morgenstunden erschienen unzählige Besucher. Alle wollten sie Klytemnestro zu seinem Erfolg gratulieren und sich mit ihm fotografieren lassen. Natürlich tat der Esel ihnen gerne den Gefallen, aber er achtete auch darauf, dass Cryssie immer mit aufs Bild kam. Denn ohne den Zuspruch seiner Freundin wäre es nie so weit gekommen.

Von den vielen Autogrammen, die er geben musste, tat ihm schon bald der Huf weh. Gegen Mittag suchte er sich einen ruhigen Platz auf seiner Wiese.

Dort spürte ihn jedoch wenig später ein Filmteam auf; und gerade als es ihre Kameras auf ihn richtete, kam Fanni aufgeschreckt aus einem Busch hervor gesprungen. Doch wie sah die gehässige Henne aus? Splitterfasernackt huschte sie durch die laufenden Kameras!

Aus Neid über den Erfolg des Esels, hatte sie sich in der Nacht alle Federn heraus gerissen. Nun schämte sie sich ganz erbärmlich ihrer Nacktheit.

Klytemnestro lachte:

»Ist das Huhn erst mal gerupft,
es schamvoll seine Flügel lupft.
Es ist des Menschen fester Wille,
dass es landet auf dem Grille.«

Das Filmteam hatte einen riesigen Spaß, und auch der Esel und die Glückskatze lachten noch viele Jahre später über den Auftritt der nackigen Henne.

Vergnügt watschelte die kleine Ente an der Seite ihrer Mutter durch das hohe Gras, in Richtung des nahegelegenen Teiches. Der Morgentau lag noch auf den Blüten und Blättern und funkelte im Licht der aufgehenden Sonne.

»Oh, Mama, schau doch nur!« Aufgeregt rannte die Kleine auf ein blaues Blümchen zu. »Was ist das für eine Blume?«, fragte sie neugierig.

»Das ist ein *Veilchen*, Wally«, antwortete Mutter Ente.

»Es duftet so herrlich!« Verkündete die kleine Ente, nachdem sie ihren Schnabel an die Pflanze gehalten hatte. »Und diese hübsche Gelbe dort?« So schnell ihre Watschelfüße sie trugen, eilte sie auch schon zum nächsten Blümchen. »Sie sieht aus wie eine kleine Sonne!«

»Das ist ein *Löwenzahn*«, erklärte die Mutter.

Wally kicherte. »Sehen *so* die Zähne eines Löwen aus? Erst gestern hat mir meine Freundin Evi erzählt, dass Löwen gefährliche Raubtiere seien, und jeder Angst hat von so einer großen Katze gefressen zu werden. Aber die Zähne sind doch ganz weich?! Das verstehe ich nicht!«

Die Entenmutter seufzte. »Natürlich sind dies keine *richtigen* Löwenzähne. Die Pflanze heißt nur so!«

»Ach so!«

Immer wieder entdeckte die kleine Ente etwas Neues. Fröhlich vor sich hin plappernd rannte sie ungestüm mal hierhin und mal dorthin. In ihrem Übereifer stolperte sie dabei ständig über ihre Füße, und landete mehr als einmal auf ihrem Schnabel. Der war dadurch schon ganz platt gedrückt, doch das störte sie nicht im Geringsten. Nur einmal, vor ein paar Wochen, da war sie ganz unglücklich gestürzt. Ihr Schnabel wurde furchtbar dick und sie konnte ihn drei Tage lang nicht aufmachen. Das war gar nicht schön gewesen. Zumal sie während dieser Zeit weder sprechen noch trinken konnte.

Heute war Wally besonders quirlig. Eine Schnecke, die ihren Weg kreuzte, begrüßte die kleine Ente mit deren Namen. Die Entenmutter war darüber sehr verwunderte. Hatte diese doch gar nicht gewusst, dass auch Schnecken *Namen* haben! Dann wieder eilte Wally einem vorübereilenden Käfer hinterher. Fröhlich erzählte sie ihm, was sie in der vergangenen Nacht geträumt hatte.

Endlich erreichten sie das Ufer des Gewässers. Übermütig stürzte Wally sich in das erfrischende

Nass, und tauchte sofort unter. Diese Momente liebte Mutter Ente am meisten. Denn dabei verstummte die Rede-Flut ihrer Tochter! Doch leider hielten diese stillen Augenblicke nie lange an. Kaum hatte Wally den Schnabel wieder über der Wasseroberfläche, ging es auch schon weiter:

»Mama, warum verbringen wir Enten eigentlich den größten Teil des Tages im Wasser, die anderen Tiere aber nicht?«

»Nun, jedes Tier hat seinen eigenen Lebensbereich: Die Vögel die Luft, die Würmer die Erde und die Kühe die Weide.«

»Dann haben die anderen Tiere auch keine Schwimmhäute zwischen ihren Zehen?«

»Nein, nur diejenigen, die sich hauptsächlich im Wasser aufhalten.«

Nachdenklich zupfte Wally an ihrem Gefieder herum. »Dann sind wir ja auch ganz besonders saubere Tiere, wenn wir den ganzen Tag baden, oder?«

»Ja, das ist richtig!«, stimmte die Mutter zu.

»Ist *das* denn der Grund, weswegen die Menschen lieber *uns* verspeisen, als die Schmutzfinken und Erdkröten?«

Darauf wusste die Entenmutter keine Antwort. Obwohl es noch früh am Tag war, fühlte sie sich bereits völlig erschöpft. Womit hatte sie *dieses* Kind nur verdient?

Die Sterne standen bereits hoch am Himmel, als Wally endlich einschlief.

Kraftlos sank die Entenmutter auf das Nachtlager. Eng kuschelte sie sich an ihren Mann.

»Du siehst müde aus«, stellte er mitfühlend fest. »War unsere Tochter heute wieder so anstrengend?«

»*Anstrengend* ist noch untertrieben!«, stöhnte die Ente. »Hast du denn nicht eine Idee, was wir anstellen können, damit sie nicht ununterbrochen redet? Sie quasselt von morgens früh bis abends spät. Sogar nachts höre ich ihren Schnabel klappern! Dabei ist unsere Kleine ja nicht dumm. Im Gegenteil! Was ihr so alles durch den Kopf geht, ist erstaunlich.«

»Tja, Frau, da weiß ich leider auch keinen Rat«, gab der Entenvater zu. »Vielleicht solltest du mit Wally mal zum Doktor gehen?«, schlug er vor.

»Um Himmelswillen, nein!«, rief die Mutter entsetzt. »Wie peinlich ist *das* denn? Außerdem war ich erst letzte Woche mit ihr bei Doktor Rübenschwein, wegen ihrer Füße. Die Schwimmhäute zwischen ihren Zehen sind bereits total ausgefranst, weil sie beim Laufen nie auf den Weg achtet und ständig stolpert.«

»Das hört sich ja schlimm an! Vielleicht kann ich euch ja bei eurem Problem helfen?«, ertönte plötzlich eine Stimme hinter ihnen. Erschrocken blickte sich das Entenpaar um und … schauten geradewegs in das grinsende Gesicht eines Fuchses!

»Wie willst ausgerechnet *du* uns helfen?«, fragte Mutter Ente mit zitternder Stimme.

»Nun, ich wüsste da schon etwas«, lächelte der Fuchs hinterhältig. Dabei leckte er sich genüsslich mit seiner Zunge über das Maul.

»Verschwinde, und lass meine Familie in Ruhe!«, fauchte der Enterich. Bedrohlich plusterte er sein Gefieder auf.

»Ganz wie ihr meint. Dann geh ich halt wieder, aber … nicht ohne eure Tochter!« Blitzschnell drehte der Fuchs sich um. Er schnappte sich die schlafende Wally und rannte mit ihr davon!

Entsetzt sprangen die Ente und ihr Ehemann auf. Laut schnatternd jagten sie dem Dieb hinterher. Doch der Flüchtende war viel zu schnell. Bereits nach wenigen Augenblicken war er in der Dunkelheit verschwunden.

Weinend kehrten die beiden Enten zu ihrem Nest zurück. Was sollten sie nur tun? Sie wollten doch ihre Wally wieder haben!

Unterdessen hatte der Fuchs seinen Bau am Waldrand erreicht. Dort bettete er die immer noch fest schlafende Wally auf ein Lager aus Moos und Federn.

Früh am nächsten Morgen erwachte die kleine Ente. Verwundert sah sie sich um. Das war doch nicht ihr Zuhause! Und was hatte der Fuchs hier zu suchen?

»Wo bin ich und wer bist du? Wo sind meine Mama und mein Papa?«, fragte sie verwundert.

»Du bist hier bei mir im Wald. Ich bin Balduin, der Fuchs. Deine Eltern haben mich … äh … *gebeten* ein paar Tage auf dich aufzupassen!«

»Warum?«

»Nun, … ähm … sie wollen einen Ausflug machen«, schwindelte der Fuchs.

»Ohne mich??? Das glaube ich nicht!«

»Du kannst es mir ruhig glauben! Wärst du sonst hier?«

»Tja dann!« Wally verstand das alles zwar nicht, doch wenn Balduin es ihr so sagte, musste es wohl stimmen.

»Gehen wir dann jetzt schwimmen?«, fragte die kleine Ente.

»*Schwimmen*?« Der Fuchs starrte Wally fassungslos an. »Bist du verrückt? Ich geh doch nicht ins Wasser!«

»Aber wir müssen doch baden! Ich bin ein sauberes Tier!«, betonte die Ente, und mit gerümpftem Schnabel schnüffelte sie in die Richtung des Fuchses. »*Dir* könnte etwas Wasser auch nicht schaden. Du stinkst!«, stellte sie fest.

Entsetzt blickte Balduin auf das Federtier. »Vergiss es!«, knurrte er böse.

»Na gut«, gab Wally nach, »aber dann machst du mit mir Gummitwist, ja?«

»*Gummi…* was?«

»Gummitwist! Sag bloß, das kennst du nicht? Na, dann werde ich es dir mal erklären: Also, zuerst einmal brauchen wir dazu ein langes Gummiband. Das müssen wir zusammenknoten. Dann benötigen wir noch einen dritten Mitspieler. Da wir jedoch nur zu zweit sind, müssen wir einen Gegenstand finden, an dem wir das Band befestigen können. Tja, und dann hüpfen wir nach einem ganz bestimmten Muster darauf herum und …«

»… Hör zu, kleine Ente«, unterbrach der Fuchs sie genervt. »Ich werde weder mit dir schwimmen gehen, noch Gummibandhüpfen, noch sonst etwas tun, außer …«

»… außer was?«, fiel Wally ihm ins Wort. »Wenn meine Eltern dich schon gebeten haben auf mich aufzupassen, dann musst du auch mit mir spielen! Wir können auch Sackhüpfen veranstalten, oder Geschichten erzählen, oder Lieder singen, oder wir machen Ratespiele. Da kenne ich ein ganz Tolles! Das heißt »Ich sehe was, was du nicht siehst«, oder …«

Lange vor Einbruch der Dunkelheit stolperte ein völlig erschöpfter Fuchs durch das hohe Gras. Sein Ziel war das Entennest und in seinem Maul trug er eine kleine Ente.

Die ganze Nacht und den halben Tag hatten die Eltern erfolglos nach ihrer Kleinen gesucht. Nun sprangen sie überrascht von ihrem Lager auf. War das nicht die Stimme ihrer Tochter? Natürlich! Es war unverkennbar das muntere Geplapper ihrer Wally, und es kam näher!

Bereits einen Moment später tauchte der Fuchs vor ihnen auf. Erleichtert, das Zuhause der Entenfamilie erreicht zu haben, ließ er seine Last einfach fallen.

Sofort eilten Wallys Eltern auf ihr Kind zu. Erleichtert schlossen sie es in ihre Flügel und zerzausten ihm mit ihren Schnäbeln liebevoll das Gefieder. Sie waren überglücklich, ihre Kleine wieder zu haben.

Der Fuchs räusperte sich: »Bitte verzeiht mir! Es tut mir leid, was ich euch angetan habe.«

»Danke, dass du unsere Tochter zurückgebracht hast«, schluchzte die Entenmutter unter Freudentränen.

Der Enterich musterte den Fuchs argwöhnisch. »Wie kommt es, dass du ihr nichts getan hast?«

»Nun, ihr habt eine äußerst … *ungewöhnliche* Tochter. Anders gesagt: Sie ist eine schreckliche, ständig quasselnde Nervensäge. Ich hab sie nicht gefressen, weil ich Angst hatte, dass sie selbst in meinem Bauch nicht ihren Schnabel halten würde!«

Da brachen die Enteneltern in schallendes Gelächter aus. Der Fuchs jedoch schlich mit hängendem Kopf davon.

»Jetzt muss ich ganz schnell zu Evi. Sie muss unbedingt von meinem Abenteuer erfahren!«, rief Wally, und eilig watschelte sie davon.

Als die kleine Ente bei ihrer Freundin ankam, sprudelte es sogleich aus ihr hervor: »Evi, Evi, stell dir vor, was mir passiert ist …«

Während Wally ihr Erlebnis in allen Einzelheiten schilderte, beobachtete sie ihre Freundin. Diese bearbeitete mit ihrem Schnabel und den Füßen einen Klumpen Matsch.

»Sag mal, was machst du da eigentlich?«, fragte sie, als sie geendet hatte.

»Ich habe herausgefunden, dass man aus Lehm wunderbare Dinge herstellen kann«, erklärte Evi. »Hier, sieh mal«, dabei zeigte sie auf eine Reihe unterschiedlichster Gegenstände. Da standen fein ordentlich aufgereiht kleine Vasen, Schüsseln, Teller und Figuren.

»Die sind ja wunderschön!«, staunte die kleine Ente. »Ob ich das auch kann?«

»Warum nicht? Komm her, ich zeig dir wie es geht!«

Wally war eine sehr gelehrige Schülerin. Ganz vertieft in ihre Tätigkeit, bearbeitete sie *schweigend* den Lehmklumpen.

»Schau mal, Evi, ich bin fertig«, rief sie nach einer Weile.

»Das ist ja … ähm … *was* ist das?«, fragte die Freundin verunsichert. Sie betrachtete Wallys Gebilde von allen Seiten. Es sah einer Tasse sehr ähnlich, hatte jedoch am oberen Rand ein Ausgussröhrchen. Ein Krug war es also nicht. Dafür war es zu klein.

Die kleine Ente lachte. »Erinnerst du dich daran, wie ich vor ein paar Wochen so schlimm gestürzt bin? Ich konnte doch meinen Schnabel nicht mehr aufbekommen. Auch das Trinken fiel mir schwer. Tja, und dies hier ist nun eine … *Schnabeltasse*!«

Wallys Schnabeltasse war zuerst in der Tierwelt, und später sogar bei den Menschen heiß begehrt. Schließlich kam es ja immer wieder mal vor, dass jemand den Mund, oder die Zähne nicht auseinander bekam.

Die kleine Ente hatte sehr viel Spaß an ihrer neuen Beschäftigung. Dabei war sie ganz still und verrichtete sie, ohne einen Mucks von sich zu geben! Sicher, ihre Quasselei hatte ihr das Leben gerettet, doch jetzt lernte sie ganz spielerisch, wann es Zeit war zu reden, und wann zu schweigen.

Hase Wuschel in Nöten

»Was soll ich bloß tun? Was mache ich denn nur falsch?« Wuschel seufzte herzzerreißend. Der kleine Hase hockte unter einem Holunderbusch, und ließ traurig die Ohren hängen.

Die Sonne schien und ein warmer Frühlingswind wehte über das Land. Normalerweise liebte das Langohr dieses Wetter. Es gab für ihn nichts Schöneres, als durch die sich sanft wiegenden Gräser zu hoppeln und hier und da an einer Blume zu schnuppern. Doch im Augenblick war ihm gar nicht danach zu Mute. Ihn quälte ein großer Kummer:

Seit Wochen saßen seine Familie und alle Verwandten auf ihren Nestern und legten Eier. In zwei Wochen war Ostern, da gab es viel zu tun. Nur er, Wuschel, bekam das Eierlegen einfach nicht hin. Tag für Tag quälte er sich, doch es wollte ihm nicht gelingen. Zu allem Übel wurde er auch noch von allen ausgelacht und das tat weh.

»Was soll ich bloß tun? Es *muss* doch eine Lösung geben!« Wieder seufzte der kleine Hasenjunge zum Steinerweichen.

»Warum jammerst du denn so fürchterlich?«, erklang plötzlich eine Stimme neben ihm.

Der Hase blickte auf. »Hallo, Siggi«, begrüßte Wuschel die kleine Feldmaus. »Willst du wirklich wissen, was los ist?«, fragte er seinen Freund betrübt.

»Natürlich! Vielleicht kann ich dir ja helfen?«

»Ach, Siggi, ich wüsste nicht, wie du mir helfen könntest. Es ist schrecklich! Ich schaffe es einfach nicht Eier zu legen. Bald ist Ostern und ...«, schluchzend brach Wuschel ab.

»Das ist wirklich eine schlimme Sache«, stimmte die Feldmaus mit ernstem Gesicht zu. »Und du hast ganz bestimmt *alles* versucht?«

»Ja. Alles! Zuerst habe ich Unmengen Salat vertilgt. Das war gar nicht so übel. Dann hat Mama mich gezwungen Schnecken-Mus zu essen! Weißt du eigentlich *wie* ekelhaft Schnecken schmecken? Geholfen hat es auch nicht. Tja, und dann musste ich drei Tage und Nächte bei der alten Hasen-Hexe verbringen. Das war das Schlimmste! Sie hat mir stundenlang Zaubersprüche in die Ohren geflüstert, so dass diese sich schon ganz strubbelig anfühlten. Außerdem musste ich scheußlich schmeckende Säfte trinken. So viel, dass ich ganz grün im Gesicht wurde. Eierlegen kann ich aber immer noch nicht.«

»Hm, das hört sich nicht gut an! Lass mich mal überlegen.«

Nachdenklich strich Siggi sich über seine langen Barthaare. »Wen könnten wir da bloß um Hilfe bitten?« Plötzlich sprang die Feldmaus auf. »Ich hab´s!«, jauchzte sie. »Es gibt nur einen, der dir in deiner Not helfen kann: Gisbert!«

»Das ist ja prima!«, jubelte der kleine Hase. »Ähm …, wer ist *Gisbert*?«

»Gisbert ist der alte Fuchs, der hinten im Wald bei der knorrigen Eiche wohnt.«

»Bist du verrückt?« Entsetzt starrte Wuschel die Feldmaus an. »Falls es dir entgangen sein sollte: Ich bin ein *Hase* und Füchse *fressen* bekanntlich Hasen!«

»Quatsch!«, erwiderte Siggi. »Ich hab den Alten schon oft besucht und wie du siehst, lebe ich noch. Los. Komm!«

»Jemand anderer fällt dir nicht ein?«, versuchte Wuschel seinen Freund von dem Plan abzubringen.

»Nein, du Angsthase. Vertrau mir!« Damit flitzte die kleine Feldmaus auch schon davon.

Wuschel blieb nichts anderes übrig, als ihr zu folgen. Wenn das nur gut ging!

Je näher sie dem Fuchsbau kamen, desto aufgeregter wurde er. Sein Näschen zuckte wild; das tat es immer, wenn er aufgeregt war. Sein puscheliger

Schwanz hatte sich um das Doppelte aufgeplustert und seine langen Ohren schlackerten hin und her.

»Gleich sind wir da«, rief Siggi seinem Freund zu. »Siehst du die dicke Wurzel, die aussieht wie eine Katze mit abgeknicktem Schwanz? Dort wohnt Gisbert.«

Ja, Wuschel sah die Wurzel. Doch war er so schnell gehoppelt, dass er seinen raschen Lauf nicht rechtzeitig stoppen konnte. Die Vorderpfötchen in den Boden gestemmt, schlitterte er auf seinem Hinterteil noch ein paar Meter weiter.

Noch ganz benommen von seiner unsanften Landung blickte der Hasenjunge auf … und sah gradewegs in die blitzenden Augen des alten Fuchses!

»Ihr habt es aber eilig mir einen Besuch abzustatten«, schmunzelte dieser.

»Schön, dass du mal wieder bei mir herein schaust, Siggi«, freute er sich. »Wen hast du denn da mitgebracht?«

»Hallo, Gisbert. Das ist mein Freund Wuschel. Wir brauchen deine Hilfe!«

Wuschel saß immer noch wie versteinert auf seinem Hinterteil. Ängstlich starrte er den Fuchs an.

»Nun schau mich nicht so furchtsam an«, grummelte Gisbert. »Ich tu dir schon nichts.«

»Das sagst du jetzt«, fiepte Wuschel kläglich, »und dann frisst du mich doch!«

Der Fuchs lachte. »Hier, sieh einmal her.« Mit diesen Worten riss er seine spitze Schnauze ganz weit auf. Neugierig schaute der Hase genauer hin. Und … sah nicht einen einzigen Zahn!

»Ich hab meine Zähne schon vor langer Zeit verloren«, erklärte Gisbert. »Selbst wenn ich es *wollte*, ich *könnte* dich gar nicht fressen!«

Erleichtert seufzte Wuschel auf. *Das* hätte Siggi ihm ja auch gleich sagen können!

»Ihr braucht also meine Hilfe? Worum geht es denn?«, fragte der Fuchs.

Da erzählte der Hasenjunge ihm von seinem Kummer.

»Gut, dass ihr zu mir gekommen seid. Ich weiß, wer dir helfen kann!«, nickte Gisbert.

»Wirklich? Wer denn?« Wuschel wurde ganz aufgeregt.

»Geht zum Bauernhof am anderen Ende des Waldes. Dort im Hühnerstall fragt nach der Henne Marga. Sie ist eine alte Freundin von mir, und sehr klug. Sie wird wissen, was zu tun ist.«

»Vielen, vielen Dank, Gisbert!« Der kleine Hase hatte es plötzlich sehr eilig sich zu verabschieden und wie der Blitz rannten die beiden Freunde los.

»Kommt mich mal wieder besuchen und viel Glück!«, rief der Alte ihnen hinterher.

Bereits nach kurzer Zeit erreichten sie den Bauernhof. Eilig überquerten sie den Hof und stürmten in den Hühnerstall.

»Bist du Marga?« Sprach Wuschel atemlos das erste Huhn an, das ihm über den Weg lief.

»Sehe ich so aus?«, gackerte die Henne frech.

»Wenn ich *wüsste*, wie Marga aussieht, hätte ich nicht gefragt!«, gab der Hase verärgert zurück.

»Was willst du denn von ihr?«, wollte das Huhn neugierig wissen.

»Das geht dich gar nichts an!«, fauchte Siggi.

»Ach, herrje! Ein *Hase* und eine *Feldmaus*! Wird´s noch schlimmer?«

Doofes Huhn! Die beiden Freunde wurden wütend.

»W o f i n d e n w i r M a r g a?«, fragten sie im Chor.

»*Ich* bin Marga«, ertönte eine Stimme hinter ihnen. »Und wer seid *ihr*?«

Die beiden drehten sich um. Vor ihnen stand eine uralte, riesige Henne.

Nachdem sie sich vorgestellt hatten, richteten sie Gisberts Grüße aus.

»Ach, der alte Gisbert!« Margas Augen leuchteten. »Ein netter Kerl! Er hat euch also zu mir geschickt?«

»Ja!«

»Und warum?«

Da erzählte der kleine Hase erneut von seinen Sorgen und Nöten. Als er geendet hatte, blickte er hoffnungsvoll zu der Henne auf. »Kannst du mir helfen, dass ich das mit dem Eierlegen hinbekomme?«

»Nun, Wuschel, so einfach ist das nicht. Ich habe da aber eine Idee. Komm einmal mit.« Damit wandte sie sich um und der Hase folgte ihr in den hinteren Teil des Stalls. Marga bat ihn, sich zu setzen. Sie drückte ihm ein Ei in die eine Pfote und einen Pinsel in die andere. Außerdem stellte sie einige kleine Farbdosen vor ihn hin.

»So, Kleiner, nun bemale dieses Ei. *Wie*, das überlasse ich dir.« Die alte Henne drehte sich um und flatterte auf den Heuboden hinauf. Von dort aus beobachtete sie den Hasen.

Verwirrt starrte Wuschel auf das Ei. Bemalen sollte er es? Warum? Aber gut, wenn Marga es so wollte, würde er ihr gerne den Gefallen tun. Und er begann zu malen. Er malte und malte. Ganz vertieft in seine Arbeit vergaß er alles um sich herum. Er bekam auch nicht mit, dass Marga ihm einen großen Korb mit Eiern brachte. Erst als dieser leer war, sah Wuschel auf.

Vor ihm lagen unzählige bunte Ostereier. Eines schöner als das andere. Manche mit Verzierungen, andere mit kleinen Bildern darauf. *Das* hatte *er* gemacht? Der Hase staunte über sich selbst.

»Das hast du großartig gemacht!« Lobte das alte Huhn ihn. »Ich habe noch nie solch herrlich bemalte Ostereier gesehen. Es sind richtige Kunstwerke!«

Der kleine Hase wurde ganz verlegen.

»Kann ich denn *jetzt* auch Eier legen?«, fragte er schüchtern.

»Nein, Wuschel«, Marga lachte. »Das kannst du nicht. Und das ist auch gut so.« Als die Henne die Enttäuschung im Gesicht des Hasen sah, erklärte sie: »Weißt du, jedes Lebewesen hat seine Stärken und Schwächen und die sollte man beachten. *Du* wirst *niemals* Eier legen können. Dafür kannst du jedoch wunderbar Malen. Außerdem habe ich dich vorhin beobachtet, als du über den Hof gerannt kamst. Du bist ein sehr schneller Läufer. Du könntest in kürzester Zeit die bunten Eier rechtzeitig zum Osterfest verteilen. Das sind also *zwei* große Gaben. Mein Rat ist: Nutze deine Fähigkeiten! Sehne dich nicht danach Dinge zu tun, die andere besser können!«

Wuschel hatte aufmerksam zugehört. Glücklich bedankte er sich und machte sich mit Siggi auf den Heimweg.

Gisbert hatte Recht gehabt. Marga war wirklich klug!

Zu Hause angekommen, rief Wuschel seine Freunde und Verwandten herbei. Aufgeregt berichtete er von dem weisen Rat der alten Henne. Die Begeisterung des kleinen Hasen wirkte ansteckend. Sofort besorgten sich alle Langohren Pinsel und Farben. Voller Eifer stürzten sie sich in diese neue Arbeit und hatten unheimlich viel Spaß daran.

Tja, und so kommt es, dass seit dieser Zeit nur noch die Hühner für das Legen der Ostereier zuständig sind, die Hasen aber für das Bemalen und Verteilen.

Patrick hat Zahnweh

Mit einem herzzerreißenden Augenaufschlag blickte das kleine Krokodil zu seiner Mutter auf.

»Mama, ich hab ja solches Zahnweh!«, stöhnte Patrick kläglich.

»Hast du wieder von den süßen Beeren genascht?«, fragte die Krokodilmutter streng. »Ich habe dir schon so oft gesagt, dass die Früchte ungesund sind!«

»Nein, Mama. Ganz bestimmt nicht!«, beteuerte der kleine Krokodiljunge.

»Lass mich einmal nachsehen. Welcher deiner sechzig Zähne tut dir denn weh?«

»Der ganz hinten, unten. Auf der Seite, wo du mir immer mein Gutenachtküsschen gibst«, murmelte Patrick und öffnete sein Mäulchen soweit er konnte.

Seufzend warf Mutter Krokodil einen prüfenden Blick auf die Zähne ihres Sohnes. Wann würde Patrick es endlich lernen, rechts und links voneinander zu unterscheiden? Nur gut, dass sie genau wusste, wohin sie schauen musste.

Zuerst konnte die Mutter nichts Ungewöhnliches entdecken. Als sie ihren Kopf jedoch ganz tief in den Rachen ihres Kindes steckte, sah sie, was ihren Sohn so quälte: Zwischen den letzten beiden Zähnen, auf der rechten Seite, steckte eine Fischgräte! Oh je, dann war sie wohl Schuld daran, dass ihr Sohn solche Schmerzen hatte. Wahrscheinlich hatte sie den Fisch heute Mittag nicht gründlich genug von den Gräten befreit.

»Kanchmeimuwizuma?«, nuschelte Patrick.

Die Mutter zog ihren Kopf aus dem Rachen ihres Sohnes.

»Was hast du gesagt?«

»Kann ich meinen Mund wieder zu machen?«, wiederholte der Krokodiljunge.

»Ja, natürlich. Tja, Patrick, da steckt ein Fischknöchelchen fest. Das bekomme ich auch nicht heraus«, erklärte sie. »Ich frag mal den Krokodilwächter. Mal sehen, ob er uns helfen kann.« Suchend sahen die beiden sich um. Da, nicht weit von ihnen entfernt, saß der kleine, schwalbenähnliche Vogel mit dem langen Schnabel. Er hockte auf einem Baumstamm und sonnte sich.

»Pickschnell, Pickschnell!«, rief die Krokodilmutter den Vogel bei seinem Namen und sogleich kam dieser an gehüpft.

»Braucht ihr eine Zahnpflege?«, fragte er zuvorkommend. Er freute sich, denn die Fleischbröckchen, die er den Krokodilen aus den Zähnen pickte, dienten ihm als Nahrung, und sein Bauch knurrte bereits seit dem Mittag.

»Nein, Pickschnell. Patrick hat eine Gräte zwischen seinen Zähnen. Die bekommen wir nicht heraus. Kannst du es bitte einmal versuchen?«

»Gerne doch«, versicherte der Vogel eifrig.

Artig öffnete Patrick sein Maul und Pickschnell spazierte hinein. Wachsam beobachtete die Mutter das Geschehen. Sie hatte ihrem Sohn zwar eingeschärft, dass die Krokodilwächter *auf gar keinen Fall* und *niemals* gefressen werden durften, aber so ganz traute sie ihrem Jungen doch nicht. Dafür gehorchte er viel zu selten und trieb lieber Schabernack. Doch alles ging gut. Nur wenig später kam Pickschnell wieder zum Vorschein.

»Es tut mir leid«, entschuldigte er sich, »aber in diesem Fall kann ich euch nicht behilflich sein. Das Knöchelchen sitzt zu fest.«

»Danke, dass du es versucht hast. Dann werden wir wohl doch zu Doktor Beißzahn, dem Zahnarzt, gehen müssen.«

»*Nein*!«, rief Patrick entsetzt. »Nur *das* nicht!«

»Stell dich nicht so an!«, schimpfte die Krokodilmutter. »Das ist doch gar nicht schlimm.«

»Doch! Das ist sogar furchtbar schlimm! Petra und Oliver waren auch bei dem Doktor. Sie haben erzählt, dass es ganz furchtbar wehgetan hat. Petra hatte noch drei Tage lang eine dicke Backe!«, jammerte Patrick.

»Das ist wahr«, gab die Mutter zu. »Das kam aber nur daher, weil die beiden so lange gewartet haben«, erklärte sie und fügte hinzu: »Deine Cousine Monja war ganz begeistert von dem netten Doktor. Sie geht regelmäßig zu ihm. Frag sie nur!«

»Mama, bitte! Ich will da nicht hin! Es tut auch schon gar nicht mehr weh«, flehte der Kleine und eine dicke Krokodilträne tropfte in den Sand.

»Na gut, du musst es wissen«, gab die Mutter nach.

Eilig huschte Patrick davon. Natürlich hatte er noch Schmerzen. Jetzt sogar noch mehr als vorher. Er hatte seine Mutter nur angeschwindelt, weil er solch grässliche Angst vor dem Zahnarzt hatte. Betrübt suchte er sich einen ungestörten Platz am Rande des Flusses. Dort buddelte er seine Schnauze in den feuchten Uferschlamm. Das kühlte so schön und linderte den Schmerz ein wenig.

Das kleine Krokodil hatte noch nicht lange in seinem Matschloch gelegen, als es eine Bewegung neben sich wahrnahm.

Da ertönte auch schon eine fröhliche Stimme:

»Hallo Patrick! Hast du Lust, mit mir ›Menschen erschrecken‹ zu spielen?«

Mit großen, traurigen Augen sah der Krokodiljunge seine Cousine an.

»Nein, Monja, heute nicht«, nuschelte er, ohne seine Schnauze aus dem Schlamm zu ziehen.

»Was ist denn los mit dir?«, fragte das niedliche Krokodilmädchen besorgt.

»Ich hab ganz arges Zahnweh, aber ich trau mich nicht zum Doktor!«

Monja lachte: »Du bist ein Feigling! Doktor Beißzahn ist ein toller Arzt. Er ist ganz vorsichtig und unglaublich lustig. Ich gehe gern zu ihm!«, schwärmte sie.

Misstrauisch schielte Patrick zu seiner Cousine hinüber: »Du gehst *wirklich* gerne zu ihm? Und es tut nicht weh?«

»Nun, *mir* hat er noch *nie* wehgetan! Wenn du willst begleite ich dich.«

»Ich weiß nicht …«, zögerte Patrick noch.

»Bist du nun ein mutiges, stolzes Krokodil oder eine jämmerliche Angst-Ente?«, fragte Monja verächtlich.

Oh, oh! Damit hatte sie Patricks Krokodil-Ehre verletzt! Sie aus blitzenden Augen anfunkelnd, sprang er auf.

»Gut! Gehen wir! Ich werde dir beweisen, dass ich *keine* Angst-Ente bin!«; und gemeinsam zogen die beiden los.

Monja grinste vergnügt. Sie wusste doch, wie, und womit, sie ihren Lieblingscousin dazu brachte, das Richtige zu tun.

Bald schon erreichten sie die Praxis des Tierarztes. Da wurde es Patrick wieder ganz mulmig zu Mute.

»Hallo Monja«, begrüßte Doktor Beißzahn das Krokodilmädchen fröhlich. »Du warst doch erst in der vergangenen Woche bei mir. Hast du Zahnschmerzen oder bist du gekommen, um eine meiner Geschichten hören?«, lachte er. Da fiel sein Blick auf Patrick. »Wen bringst du mir denn da heute mit? Ist das dein Freund?«

»Das ist mein Cousin Patrick. *Er* hat ganz schlimmes Zahnweh!«

»So, so! Patrick heißt du. Na, dann komm mal her zu mir. Welcher Zahn tut dir denn weh?«

Doch der Krokodiljunge gab keine Antwort. Ganz fest hielt er seinen Mund geschlossen. Ihm war nämlich ein Gedanke gekommen: Wenn er das Maul nicht öffnete, konnte der Doktor ihm nicht wehtun!

Zum Glück jedoch hatte Doktor Beißzahn viel Erfahrung mit verängstigten, störrischen Tierkindern.

»Gut, wenn du jetzt nicht willst, dann vielleicht später.« Verschwörerisch zwinkerte er Monja zu, und an Patrick gewandt: »Gestern hat mir ein Patient einen Witz erzählt. Möchtest du ihn hören?«

Der Krokodiljunge nickte und Doktor Beißzahn begann:

»Eine Antilope läuft über die Steppe. Da sieht sie einen kleinen Hasen, der fürchterlich weint. »Was hast du denn?«, fragt sie ihn. - »Ach, der alte Löwe hat mich gefragt, ob ich *fussel*. Da hab ich *nein* gesagt und dann hat er mich einfach als Toilettenpapier benutzt!«, schniefte der Hase. Am nächsten Tag sieht die Antilope den kleinen Hasen an der gleichen Stelle wieder. Dieses Mal lacht er vergnügt und freut sich unbändig. Die Antilope erkundigt sich, warum der Hase so vergnügt sei. Da kichert er und sagt: »Heute hat der Löwe das Stachelschwein gefragt!«

Da musste Patrick furchtbar lachen, und dabei machte er seine Schnauze ganz weit auf. Auf diesen Moment hatte Doktor Beißzahn gewartet. Sofort entdeckte sein geübtes Auge die Gräte. Blitzschnell steckte er eine lange Zange in das Maul des Krokodiljungen und mit einem Ruck zog er den Störenfried heraus.

Verblüfft starrte Patrick den Doktor an: »Das hat ja gar nicht weh getan!«, staunte er.

»Siehst du! Hab ich dir doch gleich gesagt!«, freute Monja sich.

Der Doktor schmunzelte: »Auch wenn du einmal einen Zahn verlierst, oder von mir gezogen bekommst, brauchst du dir keine Sorgen zu machen. Ich passe immer auf, dass ich meinen Patienten nicht, oder nur ganz wenig wehtue und deine Zähne wachsen immer wieder nach. Das ist bei Krokodilen so!«

»Wann darf ich denn wiederkommen?«, fragte Patrick nun ganz erfreut, und: »Erzählen Sie dann auch wieder so einen tollen Witz?«

»Komm in einem halben Jahr wieder«, antwortete Doktor Beißzahn. »Und natürlich erzähle ich dir dann auch wieder eine Geschichte.«

Glücklich eilten Patrick und Monja nach Hause. Der kleine Krokodiljunge konnte es gar nicht erwarten, seiner Mutter zu erzählen, wie tapfer und mutig er doch gewesen war. Sie würde bestimmt sehr stolz auf ihn sein!

Henriette wird vernünftig

Hocherhobenen Hauptes stolzierte Henriette über den Hof. Die leckeren Körner, welche die Bauersfrau ausgestreut hatte, würdigte die Henne keines Blickes. Zwei davon hatte sie aufgepickt, das musste reichen; schließlich war sie nicht wie ihre Artgenossinnen, die sich so ungestüm auf das Futter stürzten, als ob sie tagelang nichts zu fressen bekommen hätten. In Windeseile wurden die Leckereien in sich hineingeschlungen. So schnell konnte man gar nicht zuschauen. Verächtlich betrachtete die junge Henne die anderen Hühner. Nein, *so* wollte sie niemals werden!

Henriette war stolz auf ihre schlanke Figur. Mit ihrem weißen Federkleid, den winzigen schwarzen Pünktchen darauf und ihrem leuchtend roten Kamm war sie eine richtige kleine Schönheit und stach aus der Menge der anderen, braunen, Hühner hervor. Dass diese ihr schiefe Blicke zuwarfen und keiner etwas mit ihr zu tun haben wollte, störte sie nicht.

»Hast du gesehen, wie hochmütig sie zu uns herübergeschaut hat?«, fragte das Huhn Beate ihre Freundin Grete.

»Ja, sie wird immer dünner und eingebildeter!«

»Genau! Und dass sie nur jeden dritten, vierten Tag mal ein mickriges Ei legt, scheint sie auch nicht zu stören!«, empörte Beate sich weiter.

»Ich bin gespannt, wie lange die Bäuerin sich das alles noch mit ansehen wird.«

»Was soll sie denn dagegen machen?«, gackerte Grete. »Für den Kochtopf ist Henriette viel zu mager. An der ist ja nun wirklich nichts dran. Ein »Haps« und weg ist sie. Von der wird keiner satt.«

»Schon gar nicht der dicke Bauer!«, lachte Beate. »Nein, nein, da lob ich mir unsere Figur. Schön mollig, rund und flauschig! … Oh, schau mal, da liegen noch mehr Körner. Das muss eine neue Sorte sein!« Aufgeregt mit den Flügeln schlagend eilten die beiden Freundinnen zu dem unbekannten Futter hinüber und ließen es sich schmecken.

Sicher, ein bisschen neidisch waren sie schon auf Henriettes schlanke Figur, aber das hätten sie niemals zugegeben!

Unterdessen eilte Henriette im Laufschritt über das große Gelände des Bauernhofes. Bis sie überall nach dem Rechten gesehen hatte, würde der Tag fast vorüber sein. Diesen Rundgang machte sie jeden Tag und bei jedem Wetter. Der Grund dafür war nicht etwa, weil es ihr so viel Spaß bereitete, nein, sie wollte nur nicht so werden wie die anderen Hühner, so gefräßig und … so dick!

Henriette schaute bei den Schweinen vorbei, die sich in ihrem Schlammloch wälzten; hielt einen kleinen Plausch mit Lohengrin, dem Hofhund; und besuchte die Kühe auf der entlegenen Weide.

Es war schon später Nachmittag, als sie den rückwärtigen Teil des Bauernhofes erreichte. Plötzlich stutzte sie. Nanu, was machte der Bauer denn da? Neugierig ging Henriette näher heran und beobachtete, wie dieser aus großen Feldsteinen ein wunderschönes, zweistöckiges Beet anlegte. Nachdem er alle Steine angeordnet hatte, füllte er Erde in die Zwischenräume und setzte Pflanzen hinein. Das sah sehr hübsch aus und gefiel der Henne überaus gut.

Als der Bauer seine Arbeit beendet hatte und ins Haus ging, schlich sie näher heran. Was genau hatte der Bauer denn da gepflanzt? Ein paar der Kräutlein kannte sie. Da waren zum Beispiel Petersilie, Schnittlauch, Dill und Kresse. Auch ein paar Salatpflanzen konnte Henriette erkennen, aber was waren das für hübsche Blümchen, direkt zwischen den Steinen? Die zierlichen, gelb- und rosafarbenen, sternförmigen Blüten nickten zu ihr herüber und sahen allerliebst aus. Doch das wirklich Interessante waren die Blätter: Leuchtend grün, dick und fleischig glänzten sie in der untergehenden Sonne. Hmm, obwohl Henriette *nie*

Grünzeug fraß, noch nicht einmal einen Grashalm, sahen die Blätter einfach köstlich aus. Ob sie sie vielleicht einmal probieren sollte? Noch etwas zögerlich pickte sie eines der Blätter an. Erstaunt riss sie ihre Augen auf. Das schmeckte ja himmlisch! Was mochte das bloß Feines sein? Gierig knabberte die Henne weiter. Die Sonne war längst unter gegangen, als Henriette ihr Mahl endlich beendete. Gemächlich trippelte sie zu ihrem Stall. Sie war ja sooo satt und müde! Mit letzter Kraft flatterte sie auf ihre Stange und schlief sofort ein.

Mitten in der Nacht schreckten Grete, Beate und die anderen Hühner aus ihrem Schlaf. Verwundert schauten sich alle an.

»Was ist denn das für ein seltsames Geräusch?«, fragte Beate erstaunt.

»Ich weiß es nicht«, antwortete Grete, »auf jeden Fall ist es ganz nah.«

Ihre Blicke schweiften zum anderen Ende der Stange, wo Henriette saß und … schnarchte!

»Chchchch Gackgackgack … Chchchch Gackgackgack … Chchchch Gackgackgack …«

»Hör auf so einen Krach zu machen! Wir wollen schlafen!« Rief Beate der Henne zu, doch die rührte sich nicht, sondern schnarchte fröhlich weiter.

Kurzentschlossen flatterte Grete zu dem Störenfried hinüber und stupste ihn an. Henriette verlor den Halt und plumpste von der Stange. Ohne aufzuwachen landete sie im weichen Stroh. Nun klang das »Chchchch Gackgackgack« nur noch gedämpft zu den anderen Hühnern hinauf und so konnten diese friedlich weiterschlafen.

Früh am nächsten Morgen, noch vor dem ersten Hahnenschrei, erwachte Henriette. Sie fühlte sich frisch und munter und … hungrig!

Schnell erledigte sie ihre morgendliche Federpflege und rannte eilig aus dem Stall, direkt zum Blumenbeet. Dort angekommen begann sie sogleich an den dicken, saftigen Blättern zu knabbern. Vergessen waren ihr täglicher Spaziergang und die zwei Körnchen, die sie sonst immer nur verspeiste. Für die kleine schlanke Henne gab es nur noch eins: Blätter mampfen! Und das von morgens früh bis zum Sonnenuntergang.

Dies wiederholte sich von nun an jeden Tag.

Nach einer Woche fragte Grete ihre Freundin Beate: »Sag mal, ist dir auch schon aufgefallen, dass Henriette von Tag zu Tag molliger wird?«

»Ja! Sie sieht schon richtig gut aus. Wenn sie so weiter macht, wird sie eines Tages noch eine richtige fette Henne!«, kicherte das Huhn schadenfroh.

»Wie kommt das wohl? Ob es damit zusammen hängt, dass sie so früh aufsteht und verschwindet?«

»Vielleicht«, überlegte Beate. »Morgen werden wir ihr einfach nachgehen, dann erfahren wir es.«

Am folgenden Tag schlichen die beiden Hühner Henriette hinterher. Sie staunten nicht schlecht, als sie die Henne im Blumenbeet hocken sahen.

»Was macht sie da?«, fragte Grete verwundert.

»Sie frisst!«, stellte Beate fest.

Neugierig gingen die beiden zu ihrer Artgenossin hinüber.

»Was knabberst du da? Grünzeug?«

»Ja«, antwortete Henriette schmatzend, »und es schmeckt köstlich! Kommt, probiert auch einmal!«

»Nein, danke!«, lehnten die beiden Hühner freundlich ab. Doch sie konnten es sich nicht verkneifen lachend hinzuzufügen: »Wir sind schon dick genug!«

Da lachte auch Henriette. Natürlich war es ihr aufgefallen, dass sie in den letzten Tagen fülliger geworden war, aber das störte sie überhaupt nicht. Im Gegenteil! Sie hatte sich noch nie so wohl gefühlt.

»Was ist das überhaupt für eine Pflanze?«, fragte Grete.

»Das weiß ich nicht, aber sie ist so unglaublich lecker, dass ich gar nicht genug davon bekommen kann!«

Beate überlegte: »Wenn sie keinen Namen hat, können wir ihr doch einen geben. Was haltet ihr von … »*Fettehenne*«?«

Fröhlich mit den Flügeln schlagend und übermütig gackernd stoben die drei über den Hof.

Von nun an waren sie unzertrennlich. Keine beneidete mehr die andere und seit diesem Tag fand die Bäuerin jeden Morgen auch in Henriettes Nest ein dickes Ei.

Obwohl die kleine Henne auch ab und zu Körner pickte, blieb die Pflanze für sie ihre Lieblingsspeise … und trägt seitdem tatsächlich den Namen *Fetthenne*!

Willy räkelte sich. Der kleine Waschbär hatte wunderbar geschlafen. Vergnügt krabbelte er aus seinem Bau. Dieser befand sich in einer alten, ausgehöhlten Eiche und diente ihm seit einigen Wochen als Schlafplatz. Er war glücklich, diesen tollen Platz gefunden zu haben.

Willy schnupperte. Nach dem leichten Regen in der vergangenen Nacht lag der Geruch von Moos, Pilzen und feuchtem Laub in der Luft. Er bekam Hunger. Genüsslich verspeiste er einen dicken Käfer und ein paar Brombeeren. Gesättigt begab er sich anschließend auf die Suche nach seinen Freunden. Vielleicht fand er ja heute einen Spielgefährten. Komisch, in letzter Zeit wollte niemand mit ihm herumtollen oder durch den Wald strolchen. Woran das wohl lag?

Fröhlich sprang er durch das Gehölz. Doch weit und breit sah er keinen Artgenossen. Er lief immer weiter, bis zum alten Steinbruch. Endlich hatte er Glück. Er sah, wie Starski und Hatsch ›Räuber und Gendarm‹ spielten. Das war Willys Lieblingsspiel!

»Hallo, ihr beiden!«, rief er ihnen munter zu. »Darf ich mitspielen?«

Erschreckt schauten die zwei Waschbären sich um. Sie waren so vertieft in ihr Spiel gewesen, dass sie Willy nicht hatten kommen sehen.

»Äääh … nööö … das geht nicht!«, antwortete Hatsch ausweichend.

»Warum denn nicht?«

»Weil … ich muss jetzt nach Hause!«

»Ich muss auch gehen«, schloss Starski sich seinem Spielkameraden an. Und eilig fügte er hinzu: »Ich muss noch … etwas für meine Mama erledigen!« Und wie der Wind sausten die beiden davon.

Na so was! Willy schaute verdutzt hinter ihnen her.

Auf seinem Weg nach Hause sah er Mareike, die eifrig ein paar Blümchen pflückte. Ob sie wohl Zeit hatte? Eigentlich spielte er ja nicht gerne mit Mädchen, aber wenn sonst niemand da war …

»Hallo Mareike, hast du Lust mit mir zu spielen?«, fragte er das Waschbär-Mädchen.

»Ähm, … ich hab leider keine Zeit!«, erwiderte sie.

»Schade! Was hast du denn so Dringendes vor?«

»Ich … hm … muss zu einer Geburtstagsfeier!«

»Oh! Darf ich vielleicht mitkommen?«

Mareike zögerte. »Ich glaube, das ist keine so gute Idee.«

»Aber warum denn nicht?«

Das Waschbär-Mädchen seufzte. »Also gut, wenn du es unbedingt wissen willst: Ich nehme dich nicht mit, weil du stinkst!«

Willy lachte. »Ach was, ich stinke doch nicht!«

»Nein? Warum, glaubst du, will keiner mehr mit dir spielen? Warum wohl ergreifen alle die Flucht, wenn sie dich sehen oder verstecken sich sogar vor dir?«

»Weil sie alle zufällig etwas anderes zu tun haben«, antwortete Willy eingeschnappt.

»Ach, ja? *Zufällig*? Wasch dich endlich mal! Dann wirst du sehen, dass alle wieder mit dir spielen werden. Schließlich bist du ein *Wasch*bär und kein *Stink*bär!«

»Ich werde mich *nicht* waschen!« Trotzig stampfte Willy mit dem Fuß auf. »Wasser ist kalt und nass!«

»Natürlich ist Wasser nass, du Dummbär. Aber kalt ist es jetzt zum Ende des Sommers nicht. Sogar der kleine Bach am Wiesenrand ist angenehm warm. Also spar dir deine Ausreden!«, schimpfte Mareike.

»Trotzdem werde ich mich nicht waschen! Und stinken tu ich auch nicht!“, rief Willy.

Wütend drehte er sich um und rannte davon. Er lief und lief, über Stock und Stein. Nur weg von den anderen. Diese blöden Waschbären! Seinetwegen konnten sie stundenlang in ihrem Bach, oder dem kleinen See, herum paddeln. *Er* würde *das* nicht tun!

Nachdem er den Wald durchquert hatte, hielt er inne. Erschöpft ließ er sich neben einem kleinen Felsen nieder, um etwas zu verschnaufen. Aufmerksam blickte er sich um. Diese Gegend kannte er noch gar nicht. Ob hier auch Waschbären lebten? Plötzlich spitzte er die Ohren. Klang da nicht ein leises Rascheln von der anderen Seite des Steines herüber? Neugierig schlich er um den Felsen herum.

»Wer bist *du* denn?«, fragte er erstaunt. Gespannt betrachtete er das kleine Tier, das dort saß.

»Ich bin Stanley, das Stinktier!«, bekam er zur Antwort. »Und wer bist du?«

Willy kicherte. »Ein *Stinktier*? Ich bin ein *Waschbär*! Mein Name ist Willy.«

Stanley grinste. »Du siehst nett aus mit deiner weißen, maskenartigen Zeichnung um die Augen. Kommt sie daher, weil du dich so viel wäschst?«

»Nein, ich wasche mich *nie*! Und du? Heißt du Stinktier, weil du so stinkst? Ich rieche gar nichts.«

Stanley seufzte. »Oh doch, ich stinke furchtbar! Immer wenn ich aufgeregt bin, oder Angst habe.

Dann … pupse ich und das riecht schrecklich! Ich mag den Geruch überhaupt nicht, deswegen putze ich mich auch ständig.«

Die beiden Tiere plauderten eine ganze Weile miteinander. Dabei stellten sie viele Gemeinsamkeiten fest. So waren sie zum Beispiel Nachttiere, die tagsüber schliefen; liebten hohle Baumstämme und Erdhöhlen als Schlafplatz, und fraßen fast alles was sie finden konnten. Ja, sogar ihr Fellkleid ähnelte sich.

»Möchtest du eine Zeitlang bei mir bleiben?«, fragte Stanley seinen neuen Freund. Und Willy stimmte freudig zu.

Ein paar Tage ging auch alles gut. Sie hatten viel Spaß miteinander, doch dann …

»Sag mal, Willy, möchtest du dich nicht vielleicht doch einmal waschen?«, begann Stanley vorsichtig das Gespräch.

»Nein, warum sollte ich?« Überrascht schaute der Waschbär seinen Freund an.

»Nun, weil du mittlerweile schlimmer stinkst als ich, wenn ich pupse!«

So, nun war es heraus. Das Stinktier wollte seinen neuen Freund nicht verletzen, aber dessen Geruch war inzwischen unerträglich geworden.

»Ich kann ja gehen, wenn dir meine Anwesenheit nicht mehr passt!«

»So war das doch nicht gemeint, aber …«

»… ich hab dich schon verstanden!« Beleidigt drehte Willy sich um.

Stanley lenkte ein: »Sei nicht sauer. Lass uns nachher noch einmal darüber reden, ja? Ich habe ein neues Erdloch entdeckt, das möchte ich mir genauer ansehen. Bis später also.«

Das Stinktier lief zu der Stelle, die es erkunden wollte. Sie sah wirklich sehr vielversprechend aus. Ohne lange darüber nachzudenken, schlüpfte es in den unterirdischen Bau. Stanley war noch nicht weit gekommen, als plötzlich die Erde nachgab! Unaufhörlich rieselten feine Erde und kleine Steinchen auf ihn herab, und verschütteten den Ausgang. Das Stinktier hatte nicht beachtet, dass die Wände nur aus Sand bestanden. Diese gaben nun nach. Aufgeregt begann der Eingeschlossene zu quieken. Und … zu pupsen. In dem winzigen Raum, der ihm blieb, stank es jetzt gar fürchterlich. Stanley bekam schreckliche Angst. Er konnte sich kaum bewegen und bekam nur schwer Luft. Wie sollte er hier bloß wieder heraus kommen?

Unterdessen hatte sich Willy auf die Suche nach seinem Freund gemacht. Obwohl er den Streit von vorhin noch nicht vergessen hatte, war er unruhig geworden. Wusste er doch, dass die Erkundung von fremden Erdhöhlen manchmal Gefahren barg. Seine Nase dicht am Boden haltend, folgte er schnuppernd Stanleys Spur. Plötzlich endete diese. Der Waschbär stutzte. Nanu? Wieso roch er nichts mehr? Und ein Erdloch konnte er auch weit und breit nicht entdecken. Da vernahm er auf einmal ein klägliches Quieken.

»Stanley?«, rief er laut. »Stanley, wo bist du?«

»Ich bin hier unten!« Schallte es dumpf zu ihm herauf. »Bitte hilf mir, Willy, ich bin verschüttet!«

Ach herrje! Auch das noch!

»Bekommst du genügend frische Luft?«, rief der Waschbär besorgt.

»Es geht so. Bitte beeil dich! Hol mich hier raus!«

Angestrengt dachte Willy nach. Wie konnte er seinem Freund helfen? Es wurde immer behauptet, dass Waschbären magisch Kräfte besaßen und trickreich seien. Doch im Moment fiel ihm gar nichts ein. Er betrachtete den Boden genauer. Hm, der bestand nur aus Sand. Es dürfte also nicht so schwierig sein, den wegzuräumen. Eilig begann Willy zu buddeln. Doch der Sand war trocken und rutschte immer wieder nach. Da kam dem Waschbär eine Idee.

»Ich bin gleich wieder bei dir!«, rief er dem Stinktier zu. Dann rannte er los. Nicht weit von hier hatte Willy einen kleinen Tümpel gesehen. In diesen stürzte er sich nun kopfüber hinein. Er blieb so lange darin, bis sich sein Fell mit Wasser vollgesogen hatte. Patschnass lief er zurück. Er warf sich auf die Erde und wälzte sich hin und her. So wurde das Wasser aus seinem Fell gedrückt und vermischte sich mit dem Sand. Dieser pappte zusammen und Willy konnte die feuchte Masse fortschaufeln. Unzählige Male flitzte der Waschbär zwischen dem Tümpel und seinem verschütteten Freund hin und her. Und endlich hatte er es geschafft! Ein kleines Loch entstand und Willy steckte seine Nase hinein. Hastig zog er sie jedoch wieder heraus. Puh, da drinnen stank es wirklich schauderhaft!

Nun ging alles ganz schnell. Stanley half von innen mit und ruck zuck war die Öffnung so groß, dass das Stinktier heraus konnte.

Erleichtert fiel es seinem Freund um den Hals.

»Vielen, vielen Dank, Willy. Du hast mir das Leben gerettet! Wie hast du es bloß geschafft, den feinen, trockenen Sand so fest zu bekommen?«

Der Waschbär berichtete Stanley ausführlich, wie er es angestellt hatte. Da begannen beide zu lachen.

»Und? War das ›Baden‹ nun wirklich so schlimm?«

»Nööö, eigentlich nicht«, gestand Willy grinsend. »Ehrlich gesagt, hat es sogar Spaß gemacht!«

Das Stinktier kicherte: »Und ich habe mich während meines Aufenthaltes in dem Erdloch an meinen ›Duft‹ gewöhnt. Nun brauche ich mich nicht mehr dreimal am Tag zu waschen!«

Als die anderen Waschbären von Willys großartiger Tat erfuhren, kamen sie alle angelaufen. Gemeinsam feierten sie ein großes Fest. Natürlich waren auch Stanleys Verwandte mit dabei. Es wurde eine sehr vergnügte Feier.

Von nun an ging Willy regelmäßig mit seinen Artgenossen zum Baden. Auch seine Freunde spielten wieder mit ihm und er wurde zu allen Geburtstagen eingeladen. Die Freundschaft zwischen dem Waschbären und dem Stinktier hielt ein Leben lang. Und keiner der beiden störte sich an dem Geruch des anderen.

Ein leichter Sommerwind strich über die Wiese am Rande des kleinen Dorfes. Die hohen Gräser schwangen sacht auf und nieder und die Blumen wiegten sich, wie zu einer leisen Melodie.

Obwohl es noch früh am Tag war, herrschte bereits emsiges Treiben. Dicke Hummeln flogen eifrig von einer Blüte zur anderen, um sich an dem köstlichen Nektar zu laben. Ameisen flitzen eifrig umher und schleppten ihre Lasten. Auch die Regenwurmfamilie war schon fleißig. Sie lockerte die feuchte Erde, bevor die Mittagssonne diese austrocknete.

Die Bewohner der Wiese krabbelten und flatterten fröhlich herum. Vergnügt verrichteten sie ihr Tagewerk. Plötzlich ertönte ein lautes Rufen:

»Marie! Marie, wo bist du?« Tobi, der kleine Tausendfüßler, rannte aufgeregt von einer Blume zur nächsten. Vor jeder einzelnen blieb er stehen, blickte hinauf und rief er immer wieder: »Marie, bist du hier? Bitte sag doch etwas!«

Endlich fand er seine Freundin. Das kleine, leuchtendrote Marienkäfer-Mädchen saß auf dem Blatt einer Wild-Rose. Genüsslich knabberte es an einer Laus. Marie hatte den Tausendfüßler längst gehört aber sie wollte gerne noch ihr Frühstück beenden. Außerdem fand sie es zu lustig, wie Tobi in seiner Eile immer wieder über seine Füße stolperte.

»Was gibt es denn so Dringendes?«, fragte sie, und fügte neckend hinzu: »Hast du heraus gefunden, dass du nur 999 statt 1000 Füße hast? Oder warst du in einem Schuhgeschäft und kannst dich jetzt nicht entscheiden, welche Farbe deine neuen Gummistiefel haben sollen?«

»Nein, nichts von alledem«, schnaufte Tobi atemlos. »Es ist viel Ernster!«

Nun wurde Marie neugierig. Wenn ihr Freund sich nicht auf ihre Scherze einließ, musste wirklich etwas Schlimmes passiert sein.

»Was ist denn los?«, erkundigte sie sich gespannt.

»Unsere Wiese … unsere Wiese soll zerstört werden! Sie wollen ein großes Einkaufzentrum hier errichten!«, sprudelte Tobi hervor.

»Woher weißt du das?« Entsetzt schaute das Marienkäferchen den Tausendfüßler an.

»Das hat mir Lena erzählt!«

»Wer ist *Lena*?«

»Ach, du kennst sie doch. Es ist die niedliche Mäusedame mit dem hübschen dunklen Fell. Sie wohnt im Haus des Bürgermeisters. Dort hat sie auch gehört, dass die Zerstörung unseres Zuhauses beschlossen wurde!«

»Wo sollen wir denn dann alle wohnen? Zum Beispiel Familie Feldmaus, die gerade ihren Nachwuchs bekommen hat? Oder die Gebrüder Maulwurf? Das dürfen wir auf gar keinen Fall zulassen!«, empörte sich Marie.

»Was willst du denn dagegen machen?«, fragte Tobi unglücklich.

»Wir müssen es allen Wiesenbewohnern erzählen. Uns *muss* einfach eine Lösung einfallen!«, meinte Marie nachdenklich.

Sofort machten die beiden Freunde sich auf, um alle Bewohner zum Versammlungsplatz zu rufen.

Die Zusammenkunft dauerte den ganzen Tag und die halbe Nacht. Alle summten, brummten und zirpten aufgeregt durcheinander. Doch keiner hatte eine Idee, wie die Wiese zu retten war. Selbst der alte Grashüpfer, der immer und für alles eine Lösung hatte, zuckte nur betrübt mit seinen Schultern.

Traurig verkroch Marie sich auf ihr Rosenblatt. Sie überlegte hin und her, bis ihr schließlich die Augen zufielen. Sie sank in einen tiefen Schlaf. Da hatte sie einen wundersamen Traum.

Am nächsten Morgen erwachte sie frisch und munter. Aufgeregt rief sie nach ihrem Freund.

»Tobi, bist du hier irgendwo?«

»Ja!« Drang eine verschlafene Stimme zu ihr herauf.

»Komm schnell, ich weiß, wie wir unsere Wiese retten können!«

Blitzschnell sprang der Tausendfüßler auf. Das Marienkäferchen war bereits losgeflogen. So schnell Tobi konnte, rannte er ihm hinterher. Bloß gut, dass sich seine kleine rote Freundin so deutlich vor dem grünen Gras abzeichnete. So konnte er sie nicht aus den Augen verlieren.

»Wohin fliegst du denn?«

»Zum Rathaus!«

Prima! Dorthin kannte Tobi eine Abkürzung. Fast gleichzeitig trafen die beiden vor dem alten Gebäude am Marktplatz ein.

»Und jetzt?«, fragte er ganz außer Atem.

»Jetzt brauchen wir die Hilfe deiner Freundin Lena!«

»Gut, ich werde sie holen.«

»Nicht nötig. Ich bin schon hier!«, erklang ein feines Stimmchen. Die Maus hockte direkt vor ihnen in einem Blumenbeet. Ihr Fell hatte den gleichen braunen Farbton wie die Erde. Dadurch war sie kaum zu sehen. »Wie kann ich euch helfen?«

»Wir müssen in den Raum, wo die Pläne und Karten für den Bau des neuen Einkaufszentrums aufbewahrt werden«, erklärte Marie.

»Nichts leichter als das. Kommt mit!«

Zu dritt begaben sie sich in Lenas unterirdisches Reich. In dem Gewirr von Gängen war es ziemlich dunkel. Die beiden Mädchen eilten sehr schnell voran und Tobi hatte Mühe ihnen zu folgen. Außerdem taten dem kleinen Tausendfüßler bereits die Füße weh. Mit letzter Kraft schleppte er sich vorwärts. Endlich sah er einen hellen Lichtschein am Ende des Ganges und stolperte darauf zu. Kaum hatte er das Ziel erreicht, ließ er sich völlig erschöpft auf den Boden fallen.

»Hättet ihr nicht ein wenig langsamer rennen können?«, japste er.

Doch die beiden Mädchen beachteten ihn nicht. Marie hatte sich bereits auf dem großen Schreibtisch niedergelassen und betrachtete aufmerksam die Zeichnungen. Die Maus hockte unter dem Möbelstück und wollte gerade das Tischbein erklimmen.

»Warte!« Tobi taumelte auf sie zu. »Das ist viel zu steil für mich. Da komme ich nie hinauf. Du musst mir helfen!«

»Spring auf meinen Rücken. Ich nehme dich Huckepack!«, rief Lena dem Tausendfüßler zu.

Der zögerte, aber es blieb ihm wohl nichts anderes übrig. Er tat also wie ihm geheißen und ruck zuck waren die beiden oben angelangt. Tobi schüttelte sich. Er war noch ganz benommen von dem unglaublichen Ritt.

Die Maus jedoch lachte vergnügt. »Wie geht es denn jetzt weiter?« Fragend wandte sie sich an Marie.

Diese blickte unglücklich auf die Papiere.

»Wir müssen sie zerstören. Oder wenigstens unkenntlich machen. Aber es sind so viele und wir haben nicht viel Zeit! Ich weiß nicht, ob wir es schaffen«, seufzte sie.

Da pochte es plötzlich leise ans Fenster. Erschreckt fuhren die drei herum; doch nur einen Moment später strahlten ihre Gesichter. Draußen summten und tanzten unzählige rote Pünktchen. Alle Marienkäfer der Wiese waren gekommen. Lena entriegelte rasch den Fensterflügel. Kaum, dass sie ihn geöffnet hatte, kamen sie herein geflogen.

»Wo kommt ihr denn her?«, freute Marie sich.

»Wir haben zufällig gehört, was ihr vorhabt. Da haben wir gedacht, dass wir vielleicht helfen können«, erwiderte eines der Marienkäfer.

Rasch erklärte Marie, was getan werden musste und gemeinsam machten sie sich ans Werk.

Lena knabberte sich voller Eifer kreuz und quer durch die Papiere. Tobi gab ebenfalls sein Bestes. Er strengte sich ganz gewaltig an, und schieterte vergnügt kleine, unschön duftende Häufchen auf die Zeichnungen.

Und was taten die Marienkäfer?

Nun, Marie hatte ein Fässchen mit schwarzer Tinte entdeckt. Dorthinein tauchten nun alle ihre Füßchen, um dann fröhlich über die Unterlagen zu spazieren. Dabei hinterließen sie hinreißende Fußtapfen! So weit ging auch alles gut. Plötzlich jedoch tunkte das jüngste Marienkäferchen nicht nur seine Füße in die Tinte, sondern auch seine Flügel! Übermütig sauste das Kleine herum. Außer den Plänen wurden nun auch gleich alle Artgenossen mit der dunklen Flüssigkeit bespritzt!

Gerade hatten die fleißigen Tierchen die letzte Zeichnung verdorben, da ertönten Schritte auf dem Gang. In Windeseile suchten sich alle ein Versteck. Die Marienkäfer verteilten sich auf den bunten Vorhängen, während Tobi und Lena in den Papierkorb schlüpften. Kaum waren sie darin verschwunden, wurde auch schon die Tür aufgestoßen. Drei Männer in feinen Anzügen betraten den Raum.

»Der kleine Dicke mit dem Pfannkuchen-Gesicht ist der Bürgermeister«, wisperte die Maus Tobi zu. »Der Dünne, mit den abstehenden Ohren, ist der Bauleiter, und der Älteste von ihnen ist der Bankdirektor. Der ist ganz nett.«

Es dauerte nur wenige Augenblicke, bis der Bürgermeister die verdorbenen Papiere auf seinem Schreibtisch entdeckte. Sein Gesicht wurde vor Wut feuerrot.

»*Wer war das*???«, brüllte er. »Wer ist hier eingedrungen und hat *das* getan??? Die ganzen schönen Pläne sind unbrauchbar!«

Auch der Bauleiter war verstört: »Hätte ich die Entwürfe doch bloß mit nach Hause genommen!«, stöhnte er immer wieder. »Wir müssen den Schuldigen unbedingt finden!«

Nur der Bankdirektor blieb gelassen. Er war von Anfang an gegen die Verunstaltung der schönen Wiese und den Bau des Einkaufszentrums gewesen.

»Regt euch nicht auf«, versuchte er die beiden erbosten Herren zu beruhigen. »Wir sind so lange ohne ein Einkaufszentrum ausgekommen, da kommt es doch auf ein paar Jahre mehr oder weniger nicht drauf an. Wer weiß, wer die Pläne zerstört hat? Vielleicht hatte es ja einen guten Grund!«

Stillvergnügt vor sich hin lächelnd verließ er das Rathaus. Hatte er doch verdächtig viele Marienkäfer auf den Fenstervorhängen sitzen sehen.

Als die ›Retter der Wiese‹ wieder zu Hause eintrafen, wurden sie jubelnd begrüßt. Alle Bewohner hatten sich versammelt und es wurde ein vergnügtes Fest gefeiert. Natürlich war auch Lena mit dabei. Nur Tobi war nicht so recht zum Feiern zu Mute. Er schlich erst einmal zu einer kleinen Wasserpfütze, um seine wundgelaufenen tausend Füße zu kühlen.

Tja, und Marie und die anderen Marienkäfer freuten sich über die neuen schwarzen Punkte auf ihren roten Kleidern. Ließen diese sich doch, trotz tüchtigen Schrubbens, einfach nicht mehr entfernen!

Vesuvius, der Feuersalamander

Der kleine Feuersalamander lag auf einem Felsen und blinzelte. Da war er doch tatsächlich eingeschlafen! Eigentlich hielt er seinen Mittagsschlaf ja lieber in der dunklen, kühlen Felsspalte; doch heute schien die Sonne so schön auf seinen Lieblingsplatz, dass ihm wohl die Augen zugefallen waren. Vesuvius gähnte herzhaft und streckte sich. Dann schaute er sich um. Von hier oben hatte er eine wunderbare Aussicht. Sein Blick wanderte über die sanften Hügel, bis hin zu den fernen Bergen. Ganz in seiner Nähe befanden sich Ruinen, die zu einer alten Burg gehörten. Doch die schönste Aussicht war für den kleinen Feuersalamander der Blick aufs Meer. Ach, wie gerne würde er einmal dort sein! Es musste einfach herrlich sein! Träumerisch sah Vesuvius auf das türkisblaue Wasser hinab, auf dem kleine, weiße Schaumkronen tanzten.

Der Duft unzähliger Blumen und Wildkräuter kitzelte seine Nase und Vesuvius nieste.

Plötzlich wurde er von einer durchdringenden Stimme aus seinen Tagträumen gerissen:

»Vulli! … Vulli!«

Im gleichen Moment schoss sein Freund, Vulcanos, um die Ecke. »Vesuvius! Hilf mir, bitte! Deine verrückte Schwester ist schon wieder hinter mir her!«, keuchte er.

»Los komm!« Schnell wie der Blitz zwängten sich die beiden Feuersalamander in eine der zahlreichen Steinritzen. Rasch schoben sie auch noch einen kleinen Stein vor den Eingang.

»Vulli! Wo steckst du denn? Ich will mit dir spielen! Vulli …???«, ertönte es ganz in ihrer Nähe.

Die beiden Freunde hielten den Atem an und lauschten. Zum Glück entfernten sich die tappenden Schritte Lavanias wieder und ihre Rufe drangen nur noch leise bis in das Versteck. Erleichtert atmeten die beiden auf.

»Puh! Das war knapp. Gerade noch einmal Glück gehabt«, grinste Vulcanos.

»Da hast du Recht«, stimmte Vesuvius seinem Freund zu. »Lavania ist wirklich eine Plage. Manchmal frage ich mich, wo unsere Eltern diese Nervensäge her haben. Und dann diese bescheuerten Spiele, die sie sich immer ausdenkt! Gestern hat sie mich erwischt. Ich musste ihr *Baby* spielen! Sie hat mich mit einem ekeligen Brei gefüttert … brrr! Ich möchte lieber nicht wissen, was sie da alles hineingematscht hat!«

Vesuvius schüttelte sich. »Sind *alle* Schwestern so Nerv tötend?«

»Keine Ahnung, ich hab ja keine«, erwiderte Vulcanos. »Mich zwingt sie immer zu diesem doofen *Hochzeitsspiel*«, empörte er sich. »Dass sie sich dabei eine Spinnenwebe als Schleier umhängt geht ja noch, aber dass sie mir ein abgerissenes Gänseblümchen an den Schwanz bindet, ist einfach *unmöglich*! Und dann diese ewige Küsserei! Iiiih … pfuiii!«

»Ich schau mal nach, ob die Luft rein ist«, bot Vesuvius an.

Vorsichtig schob er seinen Kopf aus der Felsspalte. Aufmerksam blickte er sich um. »Sie ist weg!«, verkündete er und die beiden Freunde huschten aus ihrem Versteck.

»Kommst du mit, oder hast du heute keine Lust Menschen zu beobachten?«, fragte Vesuvius. Vergnügt zwinkerte er seinem Freund zu.

»Ich lass mir doch nicht den größten Spaß des Tages entgehen!«, antwortete Vulcanos.

Mehrmals am Tag kamen Busse mit Touristen, die sich sie uralten Säulen und zerfallenen Mauern ansahen. Für die beiden Feuersalamander war es ein riesen Spaß die Reisenden zu beobachten. Zum Glück hatte Lavania Angst vor Menschen. So konnten die beiden Freunde ungestört ihrer Lieblingsbeschäftigung nachgehen.

Sie ließen sich auf einem kleinen Felsvorsprung nieder und warteten.

Es dauerte nicht lange, da rollte auch schon ein Bus heran und die Fahrgäste sprangen heraus.

»Aha«, murmelte Vesuvius mit Kennerblick. »*Amerikaner*!«

Er erkannte sie sofort an ihren bunten Hemden und den dicken Bäuchen. Die Damen sahen mit ihren riesigen Sonnenbrillen und den großen Hüten ziemlich albern aus. Meistens hatten diese Besucher zwei oder drei Fotoapparate um den Hals hängen und knipsten wild drauf los.

Vulcanos freute sich immer wenn die *Engländer* kamen. Über diese konnte er sich jedes Mal königlich amüsieren. Er hatte noch nicht einen gesehen, der beim Einsteigen in den Bus gedrängelt hätte. Am Witzigsten fand er jedoch, dass keiner von denen eine *normale* Hautfarbe hatte. Alle leuchteten in einem herrlichen krebsrot. ›Sonnenbrand‹ war wohl so eine Art Volkssport bei den Engländern. So nach dem Motto: »Wer hat sich das Fell am schönsten verbrannt?«

Die absoluten Lieblinge der beiden Feuersalamander waren jedoch die *Deutschen*.

Die Damen verhielten sich sehr gesittet. Natürlich gab es unter ihnen aber auch welche, die *anders* waren, doch die waren selten. Auf jeden Fall achteten die Damen stets angestrengt darauf, sich ja nicht schmutzig zu machen. Außerdem quiekten sie bei jedem Rascheln und blickten sich ängstlich um. Manchmal trieben die beiden Freunde ihren Schabernack mit den Frauen. Sie huschten dann genau vor deren Füßen lang. Wie schnell die weiblichen Zweibeiner dann laufen konnten, war beeindruckend!

Die Herren dagegen machten alle einen sehr klugen Eindruck. Allerdings waren die jedoch äußerst ulkig anzusehen. Vor allem die älteren Männer! Sie trugen kurze Hosen, so dass ihre blassen, behaarten Beine wie Käse im Mondlicht leuchteten. Der Brüller war immer, wenn die Füße der ›Kurzhosenträger‹ zusätzlich in weißen Socken und Sandalen steckten! Dann konnten die kleinen Feuersalamander sich gar nicht mehr beherrschen und kugelten vor Vergnügen über ihren Aussichtsfelsen.

Auch heute waren wieder solche Exemplare dabei gewesen. Vesuvius und Vulcanos hatten viel Spaß gehabt. Nun lagen sie auf ihrem Felsen und teilten sich eine dicke Schnecke zum Abendessen. Die untergehende Sonne tauchte die friedliche Landschaft in ein rötliches, geheimnisvolles Licht. Vesuvius blickte zum Meer und seufzte sehnsüchtig: »Eines Tages, werde ich es mir aus der Nähe anschauen! Dann werde ich sehen, ob es tatsächlich so blau ist. Ich werde es riechen können und vor allem wissen, wie es sich anfühlt!«

»Wie willst du denn dorthin gelangen? Der Weg ist doch viel zu weit. Du würdest mindestens drei Salamander-Leben brauchen, bis du dort ankommst!«, bemerkte Vulcanos.

»Mir wird schon noch etwas einfallen!«, entgegnete Vesuvius.

Als Vesuvius am nächsten Morgen erwachte, merkte er sofort, dass irgendetwas nicht mit ihm stimmte. Er fühlte sich so … unbeweglich. Verwundert schaute er an sich herab. Als sein Blick auf seine Füße fiel, stieß er einen entsetzten Schrei aus. Er konnte nicht glauben was er da sah: Alle fünf Zehen seiner vier Füße waren mit weißer Farbe bemalt!

Das konnte nur seine Schwester gemacht haben! Nur sie war so frech, sich des Nachts in seine kleine Höhle zu schleichen, um ihn zu ärgern. Wütend sprang er auf und stürmte aus seiner Felsspalte. Na, die konnte jetzt was erleben! Immer wieder ihren Namen rufend sauste er durch die Gegend.

Doch Lavania hatte so etwas geahnt und sich gut versteckt. Erschöpft gab der kleine Feuersalamander die Suche nach einiger Zeit auf.

»Wie siehst du denn aus?«, fragte Vulcanos kichernd, als er wenig später bei seinem Freund eintraf.

»Drei Mal darfst du raten, wer mir das angetan hat!«, murrte Vesuvius. »Ich sehe so was von albern aus mit diesen angemalten Zehen!«, stöhnte er.

Vulcanos räusperte sich: »Äääähm, nicht nur deine Zehen sind bemalt!«, verriet er dem Unglücklichen. »Deine Schwester hat auch deinen Rücken verziert!«

»*W A S*??? Dieses Biest!« Vesuvius schnaubte vor Wut. Er unsagbar stolz auf seine einzigartige, gelbe Zeichnung. Sie zog sich von seinem Kopf bis hin zur Schwanzspitze und hob sich so schön von dem pechschwarzen Rest seines Körpers ab. Wo Vulcanos Punkte hatte, hatte er Streifen. Und nun diese Verunstaltung!

»Kannst du versuchen die Schmiererei weg zu bekommen?«, bat er seinen Freund.

»Ich kann es ja mal probieren.«

Mit einem Gemisch aus Spucke und Wasser begann Vulcanos zu schrubben. Gegen Mittag zeigten seine Bemühungen endlich Erfolg. Der kleine Feuersalamander war wieder sauber.

»Nun reicht es mir!«, verkündete Vesuvius. »Noch heute werde ich von hier verschwinden!«

»Aber du kommst doch zurück?«, fragte Vulcanos bekümmert. »Ohne dich wird es hier ziemlich langweilig sein. Und außerdem: Wer beschützt mich dann vor deiner Schwester?«

»Ich weiß nicht, ob ich zurückkommen werde. Aber … warum begleitest du mich nicht einfach?«

Vulcanos schaute seinen Freund mit großen Augen an. Auf *diesen* Gedanken wäre er nie gekommen! Vielleicht lag es ja daran, dass er nicht ganz so abenteuerlustig war. »Meinst du das im Ernst?«, fragte er vorsichtshalber noch einmal nach.

»Na klar! Stell dir nur einmal vor, was wir beide für einen Spaß haben werden«, lachte Vesuvius. »Das wird ein ganz tolles Abenteuer!«

»Dann komm! Bevor ich es mir noch anders überlege«, rief Vulcanos und flitzte bereits davon.

Die Idee, sich in einen Bus zu schmuggeln, verwarfen die beiden Feuersalamander schnell wieder. Nachdem sie sich ganz nah an ein solches Fahrzeug herangepirscht hatten, stellten sie fest, dass die Stufen viel zu hoch für sie waren.

Aber der Zufall meinte es gut mit ihnen. Am frühen Nachmittag erschienen zwei Wanderer. Vesuvius erkannte sie sofort an ihren klobigen Schuhen und den Rucksäcken. Die jungen Männer ließen sich an der kleinen Quelle nieder, die munter aus einem der Felsen plätscherte. Nachdem sie sich im kühlen Nass erfrischt hatten, aßen und tranken sie etwas. Danach legten sie sich unter einem alten Olivenbaum in den Schatten und hielten ein Nickerchen.

Das war *die* Gelegenheit auf die die Feuersalamander gewartet hatten. Leise schlichen sie sich heran und huschten unbemerkt in einen der offen gelassenen Rucksäcke. Darinnen war es dunkel und unbequem und es roch nach matschiger Banane, aber das störte die beiden nicht.

»Was ist, wenn sie uns erwischen?«, wisperte Vulcanos.

»Dann werfen sie uns wahrscheinlich hinaus«, antwortete Vesuvius.

»Und wenn sie gar nicht in Richtung des Meeres gehen?«

»Dann werden wir auf einem anderen Weg dorthin gelangen. Jetzt lass uns etwas schlafen. Wer weiß, wann es losgeht.« Damit rollte sich Vesuvius zusammen und schloss die Augen.

Er konnte nicht sagen, wie lange er geschlafen hatte, als er von seltsamen Bewegungen und dem Stöhnen seines Freundes geweckt wurde.

»Was … ist … denn … das?«, fragte er erstaunt.

»Junge, hast du einen festen Schlaf. Das geht schon eine ganze Weile so«, stöhnte Vulcanos kläglich. »Mir ist schon ganz schlecht von der Schaukelei!«

In der Tat. Die beiden ›blinden Passagiere‹ wurden bei jedem Schritt, den die Wanderer machten, kräftig durchgerüttelt. Wie bei einem Ritt auf einer Sprungfeder. Mal wurden sie in die Höhe geschleudert, um gleich darauf wieder herab zu fallen; mal kullerten sie nach rechts und dann wieder nach links.

»Dafür sind wir bis jetzt aber auch nicht entdeckt worden!«, versuchte Vesuvius seinen Freund aufzumuntern.

»Hoffentlich sind wir bald am Ziel. Lange halte ich diese Schaukelei nicht mehr aus. Ich glaub, ich bin schon ganz grün im Gesicht«, jammerte Vulcanos.

Doch so schnell ging sein Wunsch nicht in Erfüllung. Der Weg war weit. Obwohl die Wanderer zügig voran schritten, begann es bereits dunkel zu werden.

Plötzlich wurden die Rucksäcke schwungvoll abgestellt. Die beiden Feuersalamander purzelten übereinander.

»Ich glaub wir haben es geschafft«, flüsterte Vesuvius glücklich.

Trotzdem blieben sie noch eine Weile still in ihrem Versteck. Erst als die Stimmen der jungen Männer sich langsam entfernten, krochen die zwei heraus. Beide waren noch etwas wackelig auf den Beinen. Wo sie wohl waren? Neugierig und mit großen Augen schauten sie sich um.

Sie befanden sich auf einer kleinen Terrasse, die von einer niedrigen Mauer umgebenen war, und zu einem großen, weiß getünchten Haus mit vielen Zimmern gehörte. Unter den grünen Fensterläden standen hübsche Töpfe, in denen herrliche rote Blumen blühten.

»Ist das schön«, staunte Vulcanos.

»Komm, lass uns mal nachsehen, was sich hinter der Mauer befindet«, rief Vesuvius. Geschickt kletterte er an den Steinen hinauf.

Kaum war er oben angelangt, stieß er einen Schrei aus: »Das Meer! Ich kann das Meer sehen! Es ist gleich dort drüben. Und ich kann es auch riechen und hören!«, jubelte er aufgeregt.

Mittlerweile war auch Vulcanos auf der Mauer angelangt. Gemeinsam blickten sie auf die unendliche, sich leicht wiegende Wasserfläche.

»Nun ist dein Wunsch doch noch in Erfüllung gegangen«, freute sich auch Vulcanos. »Das Meer ist tatsächlich blau!«, staunte er. »Wollen wir es uns von Nahem ansehen?«

So schnell sie konnten huschten sie über den warmen Sand. Erst zögernd, dann immer mutiger stürzten sie sich in die seichten Wellen. »Puh, ist das salzig!«, stellten sie erstaunt fest, nachdem sie ein paar Schlucke von dem Wasser getrunken hatten. Aber dann plantschten sie übermütig herum. Sie tauchten, versuchten über die Wellen zu hüpfen und sich gegenseitig unterzutauchen. Völlig erschöpft ließen sie sich anschließend auf den Strand fallen und schliefen sofort ein.

Vesuvius und Vulcanos wurden sehr glücklich in ihrer neuen Umgebung. Was die beiden jedoch am meisten begeisterte, war: Sie brauchten nicht auf ihre Lieblingsbeschäftigung, das Beobachten der Touristen, zu verzichten. Allerdings stellten sie es jetzt etwas anders an. Sie kletterten einfach die Außenwände des Hotels hinauf und schauten durch die Fenster. Manchmal waren sie auch ganz mutig und schlichen in die Zimmer hinein. Das taten sie aber nur, wenn sich Kinder in den Räumen befanden. Mit denen spielten sie dann ›Fang mich‹ und alle hatten dabei einen riesen Spaß!

Tiffi und ihr Tupfen-Fell

Missmutig stand Tiffi am Rande des kleinen Sees und starrte auf ihr Spiegelbild, das ihr aus dem glasklaren Wasser entgegen blickte.

Mit ihrem langen Hals und den großen Ohren fand die kleine Hyäne sich eigentlich recht niedlich. Auch auf ihren kurzen, besonders buschigen Schwanz war sie sehr stolz. Wenn, ja wenn da bloß nicht ihr helles Fell mit den schwarzen *Tupfen* wäre! *Das* konnte sie überhaupt nicht leiden! Warum konnte sie nicht solch herrliche *Streifen* wie ihre Freundin Vicky haben?

Schlecht gelaunt wandte sich Tiffi von dem Gewässer ab. Es musste doch eine Möglichkeit geben, wie sie die blöden Punkte in ihrem Fell loswerden konnte oder diese sich wenigstens in Streifen verwandeln ließen!?

Mit ihren Eltern konnte sie über ihr Problem nicht sprechen. Von denen bekam sie immer nur zu hören: »Kind, du bist nun mal eine *Tüpfel*hyäne. Und wie es der Name schon sagt, haben Tüpfelhyänen eben *Tupfen*!«

Auch ihre Freunde verstanden sie nicht. »Du siehst doch bezaubernd aus, was willst du denn?«, meinten diese mit verständnislosen Blicken.

Seufzend schlenderte die kleine Hyäne durch das Buschland in Richtung des nahen Gebirges. Zum Jagen oder Spielen hatte sie keine Lust. Aber vielleicht gab es ja in den Felsen etwas Interessantes zu entdecken?

Doch der Weg dorthin war weiter, als Tiffi gedacht hatte. Als sie endlich bei den Felsen ankam, war sie völlig erschöpft. Obwohl sie sich am liebsten zum Schlafen unter ein Gebüsch auf den Boden legte, huschte sie nun in die erstbeste Höhle. Die kleine Tüpfelhyäne war ja sooo müde. Kaum hatte sie sich zusammengerollt, war sie auch schon eingeschlafen.

Das leise Rascheln und Wispern der beiden Mäuse, die in einer dunklen Ecke hockten, bekam sie nicht mit.

»Was macht denn die doofe Hyäne in *unserer* Höhle?«, fragte der kleine Mäuserich erstaunt.

»... und dann auch noch mitten in unserem Wohnzimmer!« Empörte sich die Mäusedame. »Die soll sich hier bloß nicht häuslich einrichten!«

»... und ihr Schwanz liegt mitten in unserer Badewanne! Wie ekelig!«

»Wollen wir ihr eine Lehre erteilen? Es gehört sich doch nicht, in fremde Wohnungen einzudringen«, grinste der Mäuserich.

»Au ja! Ich weiß auch schon *wie*!«, kicherte seine Frau und eilte davon. Nach wenigen Augenblicken kam sie zurück. In den Pfoten hielt sie ein Stückchen Holzkohle. Das war vom Lagerfeuer des letzten Eindringlings übriggeblieben.

»Was hast du vor?«, fragte der Mäuserich verständnislos.

Die Mäusedame feixte. »Du wirst schon sehen!« Flink lief sie zu der schlafenden Tiffi hinüber. Geschwind kletterte sie auf den Rücken der Hyäne und huschte auf ihr hin und her. Es dauerte gar nicht lange, da war ihre Arbeit vollbracht. Der Mäuserich, der alles beobachtet hatte, wollte sich ausschütten vor Lachen.

»Na, wie findest du es?«, strahlte die Mäusedame ihren Mann an. »Sieht sie jetzt nicht viel besser aus, als vorher?«

»Und ob! Nun sieht sie fast so aus wie wir!«

Die beiden Mäuse gehörten nämlich zu der Familie der *Vielstreifengrasmäuse*. Mit ihren hellen Linien auf dem dunklen Fell sahen sie fast wie kleine Wildschweine aus.

Die Mäusedame hatte mit der Holzkohle Streifen auf Tiffis Fell gezeichnet. Nun hoffte sie, dass die Hyäne sich furchtbar darüber ärgern würde.
Doch sie sollten bitter enttäuscht werden.

Als Tiffi nämlich ein paar Stunden später erwachte und die Streifen entdeckte, freute sie sich wie verrückt!

»Ich hab Streifen! Ich hab Streifen!«, jubelte sie. Vor lauter Begeisterung sprang sie mit allen Vieren gleichzeitig in die Luft. »Das ist ja eine richtige Zauberhöhle. Ich hab Streifen!«

Tiffis Freude war unbeschreiblich. Ihr sehnlichster Wunsch war in Erfüllung gegangen! Sie tanzte im Kreis herum und lachte.

Entsetzt hielten sich die beiden Vielstreifengrasmäuse ihre Ohren zu und verzogen sich geschwind in die hinterste Ecke ihrer Wohnung.

Das Lachen von Hyänen war eh schon durchdringend und Nerv tötend. Doch hier in der Höhle hallte es doppelt so laut und war kaum auszuhalten.

Endlich beruhigte Tiffi sich. »Ich muss unbedingt meiner Freundin Vicky mein neues Fell zeigen!«, rief sie und flitzte aus der Höhle.

Erleichtert seufzten die Mäuse auf. Endlich hatten sie ihre Wohnung wieder für sich.

Wie der Wind rannte die kleine Hyäne über das Land. Mit langen Sprüngen setzte sie über niedrige Büsche und am Boden liegende Äste. Voller Vorfreude stellte sie sich das erstaunte Gesicht ihrer Freundin vor, wenn diese ihr neues »Kleid« sah.

In ihrem Eifer achtete Tiffi jedoch nicht so genau auf den Weg und so entging ihr, dass sie direkt auf die Falle eines Tierfängers zulief!

Als sie das Netz entdeckte, das ausgebreitet auf dem Boden lag, war es bereits zu spät. Mit einem Ruck schloss sich das Maschenwerk um sie herum und die kleine Hyäne war gefangen!

Aufgeregt begann sie zu strampeln. Mit ihren spitzen Zähnchen versuchte sie das Netz zu zerbeißen. Doch es nütze nichts. Die Maschen waren zu dicht und sehr fest. Verzweifelt gab Tiffi schließlich auf.

Plötzlich erklang Motorengeräusch. Eine dichte Staubwolke hinter sich herziehend, kam ein Auto angebraust. Genau neben ihr blieb der Wagen stehen und ein großer, bärtiger Mann mit einem Gewehr über der Schulter stieg aus.

»Na, wen haben wir denn da?«, grinste er schadenfroh. »Fein, eine Streifenhyäne! So eine wie dich habe ich gesucht. Du bist ja ein besonders hübsches Exemplar und wirst mir viel Geld einbringen!«, freute er sich.

Tiffi begann zu zittern. Was hatte der Kerl mit ihr vor?

Der Mann verfrachtete sie in eine Kiste und lud diese auf den Wagen. In rascher Fahrt ging es durch das Buschland. Das Auto holperte über Stock und Stein und die kleine Hyäne wurde in der Kiste hin und her geschleudert. Als sie schon glaubte, dass die Fahrt gar kein Ende nehmen würde, stoppte der Wagen endlich. Sie hatten ihr Ziel erreicht.

Vorsichtig lugte Tiffi durch die Ritzen ihres Gefängnisses. Was sie sah, gefiel ihr gar nicht.

Neben einem schmuddeligen Zelt entdeckte sie mehrere Käfige. Darin waren die unterschiedlichsten Tiere untergebracht.

Ein zweiter Mann trat an das Fahrzeug heran. Ausgiebig betrachtete er Tiffi.

»Da haben wir ja einen schönen Fang gemacht!«, grunzte er zufrieden. »So eine schöne Streifenhyäne habe ich noch nie gesehen. Da wird unser Auftraggeber eine schöne Summe für bezahlen. Gut, dass uns nicht so eine hässliche Tüpfelhyäne ins Netz gegangen ist! Sie kann in ihrem Käfig auf dem Wagen bleiben. Morgen früh bringen wir sie zum Verladeplatz.«

Die beiden Männer entfernten sich und Tiffi rollte sich seufzend in ihrer Kiste zusammen.

Wo würde man sie und die anderen Tiere hinbringen? Dies hier war doch ihre Heimat! Sie wollte hier, bei ihrer Familie und den Freunden bleiben! Doch eine Möglichkeit zur Flucht sah sie nicht.

Trotz ihres Kummers übermannte die kleine Hyäne die Müdigkeit und schließlich schlief sie erschöpft ein.

Plötzlich schreckte sie auf. Was war denn das? Da, schon wieder! Und dann hörte sie es ganz deutlich: Es donnerte. Kaum zuckten die ersten Blitze über den Himmel, setzte auch schon der Regen ein. Zuerst fielen nur vereinzelt dicke Tropfen, doch wenig später prasselte der Regen nur so herab. So, als habe der Himmel all seine Schleusen geöffnet. Bereits nach kurzer Zeit war Tiffi pitschnass.

Auf dem Boden der Kiste bildete sich eine große Pfütze. Als die kleine Hyäne in die Wasserlache schaute, entdeckte sie im Licht der Blitze etwas Merkwürdiges: Das Wasser darin war … schwarz! Verwundert beäugte sie die ungewöhnliche Flüssigkeit. Dabei sah sie ihr Spiegelbild und stellte fest, dass sich ihre Streifen aufgelöst, und wieder in Tupfen verwandelt hatten!

Tiffi begann zu lachen. Sie lachte und lachte. All ihre Ängste der vergangenen Stunden fielen von ihr ab. Hatten die Männer nicht gesagt, dass sie nur eine *Streifen-*, aber auf gar keinen Fall eine

*Tüpfel*hyäne wollten? Konnte *das* ihre Rettung sein?

Und genau so war es!

Angelockt von Tiffis schauderhaftem Gelächter, kamen die beiden Männer aus ihrem Zelt gekrochen. Murrend und schimpfend näherten sie sich der Kiste.

»Was ist das denn?«, brüllte der eine Mann zornig, als er mit seiner Lampe in den Käfig leuchtete. »Wo sind denn die Streifen von dem Vieh?«

»So nützt sie uns gar nichts«, bemerkte der andere verärgert. »Da können wir sie genauso gut wieder laufen lassen!«

Und so geschah es. Kaum wurde die Tür des Käfigs geöffnet, flitzte Tiffi auch schon hinaus. Blitzschnell verschwand sie in der Dunkelheit.

Sie rannte und rannte. Ohne eine Pause einzulegen, erreichte sie gegen Mittag ihr Zuhause. Atemlos berichtete sie ihren Eltern von ihren Erlebnissen. Diese hatten ihre Tochter schon vermisst. Nun waren sie überglücklich, Tiffi wohlbehalten wieder bei sich zu haben.

Von nun an freute sich die kleine Hyäne, dass sie so ein schönes, getupftes Fell hatte. Jeden Tag leckte und pflegte sie es und schaute stundenlang auf ihr Spiegelbild im See. Sie fand sich plötzlich wunderschön und konnte gar nicht mehr verstehen, dass sie jemals hatte anders aussehen wollen.

Besonders glücklich war die kleine Tüpfelhyäne jedoch, als sie wenige Tage später von ihrer Freundin Vicky erfuhr, dass die Tierfänger von Wildhütern geschnappt worden waren. All die anderen Tiere hatten ihre Freiheit wieder erlangt.

Kälbchen Lisas großer Wunsch

Nachdenklich stapfte das kleine Kälbchen über die Wiese. Den ganzen Morgen war Lisa umhergestreift und hatte die anderen Kühe beobachtet. Dabei war ihr etwas Sonderbares aufgefallen.

Nun suchte sie ihre Mutter, in der Hoffnung, dass diese ihr etwas zu der Entdeckung, die sie gemacht hatte, sagen konnte.

Endlich fand sie sie und stürmte auf sie zu. »Mama, warum haben all unsere Verwandten so große, traurige Augen?«, sprudelte sie hervor.

»Ach Lisa, wie soll ich dir das erklären?«, seufzte die Mutter. Nachdem sie jedoch eine Weile überlegt hatte, kam ihr eine Idee.

»Komm einmal mit«, forderte die Kuh ihre Tochter auf.

Gemeinsam gingen sie zu dem Zaun, der die Weide eingrenzte. Als sie die Einzäunung erreichten, schlug die Kirchturmuhr gerade die erste Mittagsstunde. Es dauerte nicht lange, da kamen zwei Mädchen den Weg entlang, der zum nahe gelegenen Bauernhof führte. Schon von großer Weite vernahm Lisa das Geplapper der beiden.

»Das sind Barbara und Kerstin«, erklärte die Kuh. »Die Zwillinge des Bauern. Schau mal, wie sie sich benehmen, und vor allem: Höre, was sie sagen!«

Als erstes fiel Lisa auf, dass die Mädchen sich gegenseitig schubsten und an den Haaren zogen. Das fand sie gar nicht nett. Doch als die beiden auf gleicher Höhe waren, hörte das Kälbchen, wie sie sich auch noch beschimpften:

»Lass das, du dusselige Kuh!«, fauchte Kerstin, das blonde Mädchen.

»Selber blöde Kuh!«, gab die dunkelhaarige Barbara zurück.

»Du bist nicht nur eine dumme Kuh, sondern siehst mit deinen Glupschaugen auch aus wie eine!«, zankte Kerstin weiter.

»Das sag ich alles Mama!«, rief Barbara und rannte los. Kerstin eilte ihrer Schwester hinterher. Dabei wippten die bunten Schulranzen auf ihren Rücken auf und ab.

Fragend schaute Lisa ihre Mutter an: »Warum sagen die zwei dass wir Kühe dumm seien? Und was waren das für eigenartige Dinger auf ihren Rücken?«

»Sie wissen es nicht anders«, erklärte die Mutter. »Seit jeher werden wir als Schimpfwörter benutzt und als dumm, blöd und dusselig bezeichnet. Das macht uns sehr traurig. Deshalb haben wir alle so einen traurigen Blick. Die seltsamen Gebilde, die sie auf ihren Rücken tragen, nennt man *Schulranzen.*«

»Was ist eine Schule, und was macht man dort?«, erkundigte sich das Kälbchen neugierig.

»Eine Schule ist ein großes Gebäude. In dem lernen Kinder lesen, schreiben, rechnen und noch vieles mehr.«

»Das hört sich ja spannend an! Wann darf ich denn in die Schule?«

Die Kuh lachte: »Gar nicht, meine Kleine. Die ist nur für Menschenkinder.«

»Ja, aber ich möchte das doch auch alles können! Rechnen und Schreiben, das klingt so … aufregend«, wandte Lisa enttäuscht ein. »Wie hast du das denn alles gelernt?«

Die Kuh blickte verlegen zur Seite. »Naja, also … ähm … ich kann das gar nicht. Keine von uns kann es.«

Nachdenklich schaute Lisa ihre Mutter an. »Kann es dann vielleicht doch sein, dass es wahr ist, wenn die Mädchen und all die anderen Leute sagen, wir seien dumm?«

Darauf wusste die Kuh keine Antwort.

Lisa beschloss ihre Großmutter aufzusuchen. Die konnte ihr bestimmt diese Frage beantworten. Schließlich war sie schon sehr, sehr alt.

Oma Melanie hatte es sich am anderen Ende der Weide unter einem Baum gemütlich gemacht. Sie freute sich, dass ihre Enkelin sie besuchen kam. Nachdem das Kälbchen seine Frage gestellt hatte, schüttelte die alte Kuh jedoch nur mit ihrem Kopf.

»Es ist so, wie deine Mutter es dir bereits gesagt hat. Wir Kühe brauchen all dieses Menschenwissen nicht. Deshalb gehen wir auch nicht in die Schule.«

»Ja, aber was machen wir denn dann den ganzen Tag? Wozu sind wir überhaupt nutze?«

»Nun, wie du ja bereits gesehen hast, sind wir von morgens bis abends mit *fressen* beschäftigt. Es war schon immer unsere Aufgabe, viel saftiges Gras zu verspeisen, damit wir reichlich Milch geben. Diese trinken die Menschen dann«, erklärte die Großmutter. Dass die Zweibeiner auch oftmals das Fleisch der Kühe verspeisten, behielt sie für sich. Dafür war Lisa noch zu klein.

»Und das ist alles? Mehr brauchen wir nicht zu tun?« Das Kälbchen war entsetzt.

Oma Melanie nickte: »Das ist alles!«

Mit hängendem Kopf trottete Lisa davon. Den ganzen Tag dachte sie über das Gehörte nach. Sicher hatten ihre Mutter und die Oma Recht, wenn sie sagten, dass es immer so gewesen sei aber … musste es denn so bleiben?

Während der nächsten Tage überlegte Lisa hin und her. Wie konnte sie es bloß anstellen, dass sie etwas lernen durfte? Aber ihr fiel keine Lösung ein. Sie wusste nur, dass sie auf keinen Fall dumm bleiben wollte!

Und dann kam ihr der Zufall zu Hilfe:

Wie jeden Tag um die Mittagszeit stand das Kälbchen am Zaun und wartete auf die Mädchen. Von ihrer Mutter hatte Lisa gehört, dass Kerstin krank sei und im Bett läge. So kam Barbara allein den Weg entlang. Doch heute ging diese nicht wie sonst zu Fuß, sondern saß auf ihrem Fahrrad. Eifrig trat sie in die Pedalen, sodass ihre dunklen Zöpfe lustig hinter ihr her wehten.

Besorgt schaute das Kälbchen ihr entgegen. In der vergangenen Nacht hatte es tüchtig geregnet. Dadurch war der Feldweg aufgeweicht und glitschig. Und da geschah es auch schon: Das Vorderrad von Barbaras Gefährt holperte über einen im Matsch verborgenen Stein. Mit einem Aufschrei stürzte das Mädchen zu Boden. Dort lag es nun und weinte.

»Aua, mein Bein! Mein Bein tut so weh!«, rief es schluchzend.

Da nahm Lisa all ihren Mut zusammen. Sie legte sich auf die Erde, streckte sich lang aus und rollte unter dem Zaun hindurch. Rasch lief sie zu der Verunglückten hin.

»Kann ich dir helfen?«, fragte sie.

Verdutzt schaute das Mädchen das Kälbchen an. »Ich wüsste nicht wie«, erwiderte es und schluchzte. »Mein Bein tut so weh!«

Lisa dachte nach. »Kannst du aufstehen? Dann könntest du dich an mir festhalten und ich bringe dich nach Hause.«

Barbara versuchte sich aufzurichten, aber die Schmerzen waren zu stark.

»Kannst du bitte zum Haus laufen und meine Mutter holen?«, fragte sie.

»Natürlich! Ich bin gleich zurück!«, versicherte das kleine Kalb und galoppierte davon.

Zum Glück befand sich die Bäuerin gerade auf dem Hof. Sie fütterte die Hühner, als Lisa heran gestürmt kam.

»Wo kommst du denn her?«, fragte die Bauersfrau erstaunt.

»Komm bitte mit«, schnaufte Lisa, noch ganz außer Atem. »Barbara ist gestürzt und liegt dort hinten auf dem Feldweg. Sie hat ganz dolle Schmerzen in ihrem Bein.«

So schnell sie konnten liefen die beiden den Feldweg entlang. Es dauerte nicht lange, bis sie bei dem Mädchen ankamen. Sofort nahm die Mutter ihre Tochter tröstend in den Arm.

»Wie soll ich dich denn jetzt nach Hause bringen?«, überlegte die Bäuerin. »Papa ist mit dem Trecker auf dem hinteren Feld, und tragen kann ich dich nicht. Dazu bist du schon zu groß.«

»Du kannst Barbara auf meinen Rücken setzen«, schlug Lisa vor. »Wenn du ihr dabei hilfst und sie festhältst, müsste es gehen.«

»Das ist eine tolle Idee«, stimmte die Mutter zu. »So machen wir es!«

Langsam gingen die drei den Weg zum Hof zurück. Das Mädchen streichelte den Hals des Kälbchens.

»Danke, dass du mir hilfst. Und meinen Namen weißt du auch! Aber wie heißt *du* eigentlich?«

Bevor das Kalb antworten konnte, erklärte die Bäuerin lächelnd: »Das ist Lisa, unsere Jüngste. Du kennst ihre Mutter, Ludmilla. Das ist die hübsche Rotbraune.«

Barbara grinste. »Ja, die kenne ich. Du hast ihr den Namen deiner Mutter gegeben. Großmama war deswegen wochenlang böse mit dir.«

»Wie kommt es, dass du unsere Sprache sprichst, Lisa?«, fragte das Mädchen weiter.

»*Alle* Kühe sprechen und verstehen eure Sprache. Allerdings ist das ein Geheimnis. Nur in Notfällen, so wie heute, brechen wir unser Schweigen«, erklärte Lisa.

In der Zwischenzeit hatten sie den Hof erreicht. Die Bäuerin holte eine Schubkarre, in die sie ihre Tochter setzte, und schob sie ins Haus. Lisa verabschiedete sich. Sie wünschte gute Besserung, und trottete gemächlich auf die Weide zurück. Das war ein aufregender Tag gewesen! Was ihre Mama wohl zu all dem sagen würde?

Früh am nächsten Morgen erschien der Bauer auf der Wiese. Suchend blickte er sich um. Endlich entdeckte er Lisa. Freudig winkte er ihr zu und eilte zu ihr hin.

»Danke, dass du meiner Tochter gestern geholfen hast. Sie hat sich bei ihrem Sturz das Bein gebrochen. Jetzt hat sie einen weißen Gipsverband und kann eine Weile nicht herumtoben«, erklärte er. »Wenn es etwas gibt, womit ich dir eine Freude machen kann, dann sag es nur.«

Lisa frohlockte. Da war sie! Die Gelegenheit, auf die sie so sehnsüchtig gewartet hatte.

»Ja, da gäbe es schon etwas«, begann sie zaghaft.

»Na, dann heraus mit der Sprache!«, forderte der Bauer sie auf.

»Ich … ich möchte so gerne zur Schule gehen!«, stieß Lisa hervor.

Verblüfft schaute der Landwirt das Kalb an: »*Das* ist in der Tat ein ungewöhnlicher Wunsch. Leider kann ich ihn dir aber nicht erfüllen. Die Schule ist nur für Menschenkinder«, erklärte er. Doch als er sah, wie enttäuscht Lisa war, fügte er hinzu: »Ich hab da eine Idee. Komm heute Nachmittag zu uns auf den Hof. Dann werden wir weitersehen.«

Voller Spannung konnte das Kälbchen es kaum abwarten, bis es endlich Nachmittag war. Als sie pünktlich auf dem Hof eintraf, warteten die Bauersleute bereits auf sie und führten Lisa in die Scheune. Dort saßen die Schwestern vor einer großen Tafel. Fröhlich begrüßten sie das Kalb. Barbara hatte ihr Bein auf einen Strohballen gelegt und sagte:

»Hallo Lisa! Schön, dass du da bist! Unser Vater hat uns von deinem Wunsch erzählt. Nun, du kannst zwar nicht zur Schule gehen, aber meine Schwester und ich werden dir gerne alles beibringen, was du wissen möchtest.«

»Und wenn du willst, fangen wir gleich damit an«, fügte Kerstin hinzu und zwinkerte vergnügt.

Und ob Lisa wollte! Vor lauter Freude sprang sie von einem zum anderen und leckte allen mit ihrer kleinen rauen Zunge übers Gesicht.

Der Unterricht machte dem Kälbchen ebenso viel Spaß, wie den Mädchen.

Lisa war eine eifrige Schülerin und bereits nach wenigen Monaten begann sie, alle neugeborenen Kälbchen zu unterrichten. Sie brachte ihnen die Sprache der Menschen bei und all das, was auch sie gelernt hatte. Dazu gehörten Rechnen, Lesen, Schreiben und viele andere nützliche Dinge. Wie zum Beispiel, dass die Menschen nicht nur die gesunde Kuhmilch tranken, sondern daraus auch Käse, Quark und Joghurt herstellten. Und sie verheimlichte auch nicht, dass es Menschen gab, die *Kalbsschnitzel* und *Ochsenschwanzsuppe* aßen!

Lisa lebte glücklich und zufrieden viele Jahre lang auf dem Bauernhof. Barbara und Kerstin machten ihrer vierbeinigen Freundin aber auch noch ein anderes, ganz besonderes Geschenk: Sie achteten fortan darauf, dass niemand mehr die beleidigenden Worte »du dumme Kuh« aussprach!

Sulaika – Erlebnisse eines Kamelmädchens

Die Sonne brannte heiß vom wolkenlosen Himmel. Ein trockener Wind wehte und ließ abertausende von Sandkörnern in kleinen Wirbeln tanzen. Sulaika stand auf einer hohen Sanddüne und blickte in die Ferne. Das junge Kamelmädchen liebte ihre Heimat. Die unendliche Weite der Wüste, die aufregend, aber auch gefährlich sein konnte. Die grünen Oasen, die wie vereinzelte Farbtupfer in dem hellen Sandmeer leuchteten, und auch die Nächte, wenn Milliarden Sterne ihr sanftes Licht über das Land breiteten.

Das Kamelmädchen stapfte durch den weichen, weißen Sand. Sie genoss die Wärme und das flimmernde Licht gaukelte ihr Luftspiegelungen, sogenannte Fata Morganas, vor.

Sulaika und ihre Familie gehörten einem wohlhabenden Scheich. Ihr Großvater und ihr Vater waren berühmte Rennkamele gewesen. Viele Jahre hatten sie jeden Wettkampf gewonnen. Auch Sulaika liebte es zu rennen. Doch so sehr sie sich auch bemühte, erreichte sie immer nur die durchschnittliche Kamelgeschwindigkeit. Irgendwie *musste* sie es schaffen, schneller zu werden. Doch wie? Vielleicht wäre alles einfacher gewesen, wenn sie ganz normale Kamele gewesen wären, die in einer Karawane ihre Lasten trugen und durch das Land zogen.

Eines Tages, als Sulaika von einem ihrer Ausflüge in die Wüste nach Hause zurückkehrte, wurde sie bereits von Achmed erwartet. Achmed war nett. Er versorgte sie mit Futter, bürstete sie und war immer gut gelaunt. Außerdem brachte er ihr ab und zu eine kleine Leckerei mit. Er wusste genau, dass sie außer saftigen Gräsern und stacheligen Dornenbuschzweigen am liebsten alte Sandalen fraß.

Doch heute war Achmed anders. Er wirkte traurig. Liebevoll streichelte er Sulaika und schob ihr einen kleinen zerfledderten Schuh ins Maul.

Kaum dass sie diesen genüsslich vertilgt hatte, kam ihr Vater auf sie zu. Mit ernstem Gesicht erklärte er ihr, dass sie Abschied nehmen müssten. Der Scheich hatte sie an einen Zoo im fernen Deutschland verkauft. Sie war als Rennkamel einfach zu langsam.

Sulaika begann zu weinen. Sie sollte ihre geliebte Heimat verlassen? Und was war mit ihrer Familie? Würde sie die jemals wiedersehen? Doch alles Schluchzen, Bitten und Betteln half nichts. Der Wagen für ihren Abtransport stand schon bereit.

Es blieb nur wenig Zeit, um Lebewohl zu sagen, dann ging die Fahrt auch schon los.

Traurig blickte das Kamelmädchen aus dem winzigen Fenster des Transporters; doch egal wohin man sie brachte, ihre geliebte Wüste würde sie niemals vergessen!

Die Fahrt über holprige Straßen dauerte sehr lange. Endlich kamen sie am Hafen an. Sulaika wurde über eine schmale Planke auf ein Schiff geführt. Das viele Wasser ringsherum ängstigte sie aber sie beruhigte sich etwas, als sie in den Bauch des Schiffes geführt wurde. Dort, in einem großen Laderaum, brachte man sie in einen geräumigen Käfig.

Der ganze Raum wurde von nur einer Glühbirne schwach erleuchtet. Ein Fenster gab es nicht. Sulaika erkannte, dass sie von hier aus weder die Sonne, noch den Sternenhimmel würde sehen können. Seufzend ließ sie sich auf dem Boden nieder und starrte unglücklich vor sich hin.

Plötzlich ertönte eine leise Stimme.

»Warum bist du denn so traurig?«

Erstaunt sah Sulaika auf. Waren denn noch andere Tiere hier unten? Sie schaute sich um. Tatsächlich! Ihr gegenüber befand sich ein kleiner Käfig mit einem Äffchen darin. Dieses hatte das Kamelmädchen eine Zeit lang still beobachtet und sprach es nun zaghaft an.

»Ich bin traurig, weil ich meine schöne Heimat verlassen muss«, antwortete sie.

»Wohin bringt man dich?«, fragte es.

»In einen Zoo nach Deutschland, mehr weiß ich auch nicht.«

»Ich bin Ali, und wie heiß du?« Das Äffchen wurde immer lebhafter.

»Sulaika!«

»Wollen wir Freunde sein?«, fragte Ali. »Wir könnten uns Geschichten erzählen oder Unfug treiben.«

So kam es, dass der kleine Affe und das Kamelmädchen Freundschaft schlossen. Sulaika erzählte ihrem neuen Freund weshalb man sie verkauft hatte, von ihrer Familie und der wunderbaren Wüste.

Dann war Ali mit seiner Geschichte dran. Er hatte bei einem Gaukler gelebt. Dieser hatte ihm viele Kunststückchen beigebracht. Das hatte dem Äffchen viel Spaß gemacht. Doch irgendwann kamen immer weniger Leute, um sich die Vorstellung anzusehen. So ließ sich sein Herr etwas anderes einfallen. Er brachte Ali bei, den Leuten ihre Geldbeutel und andere Wertgegenstände zu stehlen! Eines Tages hatte Ali genug von all dem und lief seinem Herren davon. Er gelangte zum Hafen und richtete sich dort in einem alten Pappkarton ein notdürftiges Lager her. In diesem stöberten ihn Hafenarbeiter auf und brachten ihn auf das Schiff. Ali hatte keine Ahnung wohin ihn die Reise führen würde, aber er verlor nie seine gute Laune. Mit seinem lustigen Geschnatter und kleinen Kunststücken versuchte er seine neue Freundin von ihren trüben Gedanken abzulenken. Und meistens gelang ihm dies auch.

Besonders lustig war es, wenn sie Futter bekamen. Der Matrose, der ihnen Obst und Grünzeug brachte, suchte immer die schönsten Früchte für sich selbst aus. Diese steckte er dann in seine ausgebeulte hintere Hosentasche. Das ärgerte Ali ungemein. Unbemerkt zwängte er sich eines Tages durch die Gitterstäbe seines Käfigs und schlich leise hinter dem Matrosen her. Noch bevor dieser den Ausgang erreichte, griff Ali blitzschnell in dessen Hosentasche. Geschickt angelte er das Obst wieder heraus und versteckte sich rasch mit seiner Beute im Schatten einer großen Kiste. Dort wartete er, bis der Seemann den Lagerraum verlassen hatte.

So hatten Sulaika und Ali ihren Spaß. Sie bedauerten nur, dass sie nie das dumme Gesicht des Matrosen sehen konnten, wenn er bemerkte, dass die Früchte fort waren.

Auf diese Weise verging die Zeit wie im Flug.

Nachdem das Schiff seinen Hafen erreicht hatte, wurde Sulaika wieder in ein großes Auto verladen. Dieses Mal dauerte die Fahrt nicht so lange. Bereits wenig später kamen sie im Zoo an. Endlich war sie am Ziel. Doch das Kamelmädchen war tiefbetrübt; hatte es doch kaum Zeit gehabt, sich von Ali zu verabschieden.

Freundlich wurde es von einer netten Tierpflegerin empfangen und in ein großes Gehege geführt. Dort bekam sie Wasser und Futter. Zwei andere Kamele blickten neugierig zu ihr herüber.

Sulaika zitterte. Ihr war schrecklich kalt. Der Himmel hing voller grauer Wolken und ein feiner Nieselregen benetzte ihr Fell. Bekümmert verkroch sie sich unter ein Schuppendach. Dort legte sie sich nieder und schloss die Augen. Nun vermisste sie nicht nur ihre ferne Heimat, sondern auch ihren Freund Ali. Wo mochte man ihn hin gebracht haben?

In den folgenden zwei Tagen rührte Sulaika ihr Futter kaum an. Sie hatte keinen Appetit. Ihr Kummer war einfach zu groß. Die Tierpfleger und der Direktor machten sich schon ernsthaft Sorgen um die kleine Wüstenbewohnerin.

Die beiden anderen Kamele, Schnipp und Schnapp, beobachteten Sulaikas Verhalten mit verständnislosem Kopfschütteln. Sie konnten nicht begreifen, weshalb ihre Artgenossin sich so seltsam verhielt. Dass diese unter Heimweh litt, ahnten sie nicht. Sie selbst waren in dem Zoo zur Welt gekommen und hatten nie etwas anderes gesehen.

Als die beiden Kamele dann auch noch feststellten, dass Sulaika eine fremd klingende Aussprache hatte, wollten sie erst recht nichts mit ihr zu tun haben.

»Und was die für ein Fell hat! *Weiß*! Das ist doch keine Farbe!«, bemerkte Schnipp abfällig.

Doch Sulaika störten solche Bemerkungen nicht. Sie wollte nur ihre Ruhe haben.

Eines Tages jedoch …

»Was liegst du denn da so trübsinnig herum?«, schnatterte plötzlich eine ihr wohlbekannte Stimme.

Sulaika blickte auf. Sie glaubte ihren Augen nicht zu trauen, als sie Ali auf dem Zaun des Geheges herumturnen sah.

»Wo kommst du denn her?«, rief sie überglücklich.

»Na, woher wohl?«, antwortete er lachend und schwang sich zu ihr hinunter. »Ich war im gleichen Transportwagen wie du«, berichtete er. »Nur hatte ich meinen Platz vorne beim Fahrer. Als wir hier ankamen, musste ich erst in die Krankenstation. Da wurde ich gründlich untersucht. Jetzt darf ich mich frei bewegen und hab mich gleich auf die Suche nach dir gemacht.«

»Es ist so schön, dass du da bist!«, freute Sulaika sich. Glücklich leckte sie ihm mit ihrer rauen Zunge über das Fell. Mit Ali an ihrer Seite würde sie sich eines Tages vielleicht doch noch in diesem Zoo wohlfühlen. Der kleine Affe war für sie wie ein Stückchen Heimat.

Ali schüttelte sich. »Bist du dir auch ganz sicher, dass du dich freust, mich wiederzusehen?«, neckte er sie.

»Natürlich!«, beteuerte das Kamelmädchen.

»Ich meine ja nur«, grinste der Affe. »Weil du mich mit deinem Gesabber fast ertränkst!«

»Oh, entschuldige!« Verlegen blickte Sulaika ihren Freund an. »Es ist nur, weil ich so froh bin, wieder nette Gesellschaft zu haben.«

»Was ist denn mit denen dort drüben? Sind die nicht nett zu dir?«, er deutete auf die beiden anderen Kamele.

»Die beachten mich gar nicht«, antwortete das Kamelmädchen. »Denen bin ich egal.«

»Weißt du wie sie heißen?«, erkundigte sich Ali.

Sulaika schmunzelte: »Das sind Schnipp und Schnapp. Die Namen passen übrigens großartig zu ihnen. Schnipp ist die Kleinere, sie ist ziemlich hochnäsig und schnipp isch. Schnapp ist zwar etwas freundlicher, dafür aber sehr schnell beleidigt und eingeschnappt.«

»Sie erinnern mich an alte, englische Fräuleins, die ich mal in einem Buch gesehen habe.« Ali zwinkerte schelmisch. »Es fehlen nur noch die Brillen, Strohhüte und die Handtaschen.«

Die zwei Freunde kicherten vergnügt.

Schnipp und Schnapp blickten irritiert zu ihnen herüber.

»Jetzt gibt die Fremde sich auch noch mit einem Affen ab«, bemerkte Schnipp. Verächtlich drehte sie den beiden vergnügten Tieren ihr Hinterteil zu. Das wiederum reizte Ali, das eingebildete Kamel nachzuahmen und Sulaika liefen die Lachtränen übers Gesicht.

An diesem Tag verspeiste das Kamelmädchen ihr gesamtes Futter; und in der folgenden Nacht schlief sie zum ersten Mal, seit sie den Zoo betreten hatte, tief und fest.

Von nun an verbrachten Ali und seine Freundin die Tage gemeinsam. Immer wieder ließ sich das

Äffchen etwas Neues einfallen, um Schipp und Schnapp zu necken. Eines Tages wunderte er sich, warum Schnapp´s Fell so zerrupft und zottelig aussah. An manchen Stellen war sie regelrecht kahl.

»Was ist denn mit der passiert?«, fragte das Äffchen.

»Die ist in der »Kamelmauser« und schämt sich wie verrückt«, kicherte Sulaika. »Sie bekommt neues Fell und das alte fällt aus.«

Der Affe grinste: »Vielleicht sollten wir sie von nun an »Fussel« nennen.« Dann kam ihm eine Idee. »Bin gleich zurück!«, rief er und flitzte durch das Gehege. Vor Schnapp blieb er stehen und sah sie treuherzig an: »Weißt du, wie du ganz viel Geld verdienen kannst?«

Verwundert blickte das Kamel den Affen an.

»Wie denn?«, erkundigte es sich gespannt.

»Ganz einfach. Du siehst im Moment aus, als ob hunderte von Motten in deinem Fell hausen. Du brauchst dich also nur scheren zu lassen und deine Wolle verkaufen. Daraus kann man dann bestimmt einen prima fliegenden Teppich herstellen. Dass er fliegen wird, dafür werden die Motten darin schon sorgen!«

Es dauerte eine Weile, bis Schnapp begriff, was Ali ihr da vorgeschlagen hatte. Nachdem sie dahinter gekommen war, was er meinte, stürzte sie auf den Affen zu, um ihn zu beißen. Doch das Äffchen wich geschickt den großen, gelben Zähnen aus. Laut schnatternd brachte er sich auf einem Baum in Sicherheit. Schnapp fauchte wütend und begann zu sabbern. Das tat sie immer, wenn sie sich ärgerte. Als sie merkte, dass sie Ali nicht erwischen würde, zog sie sich beleidigt in die äußerste Ecke des Geheges zurück.

»Du bist unmöglich!«, lachte Sulaika und kugelte sich vor Vergnügen.

Am nächsten Morgen, als der Affe bei seiner Freundin auftauchte, zwinkerte er ihr verschwörerisch zu: »Hast du Lust auf ein Abenteuer?«

»Was meinst du damit?«

Verschmitzt grinste das Äffchen und zog einen Schlüssel aus seiner Hosentasche.

»Den habe ich vorhin der netten Tierpflegerin gemopst. Heute Abend, wenn die Besucher fort sind, komme ich zu dir. Dann machen wir zwei einen Spaziergang durch den Zoo. Na, wie gefällt dir meine Idee?«

»Das ist großartig!«, freute Sulaika sich. Sie konnte es kaum erwarten, dass der Tag verging. Kaum war das Tor hinter dem letzten Besucher geschlossen worden, erschien Ali. Er öffnete die Tür des Geheges und die beiden marschierten los. Das empörte Grunzen von Schnipp und Schnapp überhörten sie absichtlich.

Für Sulaika begannen aufregende Stunden. Es gab ja so viel zu sehen! Da gab es Tiere, von denen sie noch nie etwas gehört oder gesehen hatte. Zum Beispiel die gelb gefleckte Giraffe, mit ihren langen Beinen und dem noch längeren Hals. Oder das Känguru, das unheimlich hoch und weit springen konnte. Dabei trug es sogar noch sein Baby in einem Fellbeutel vor dem Bauch bei sich.

Nach einer Weile bemerkte das Kamelmädchen, dass ihr Freund immer stiller wurde.

»Was ist mit dir? Geht es dir nicht gut?«, erkundigte sie sich besorgt. »Komm, klettere auf meinen Rücken. Ich trag dich«, schlug sie vor.

Das Angebot nahm Ali gerne an. Er fühlte sich schon den ganzen Tag nicht gut. Schlimmes Bauchweh plagte ihn. Er hatte Sulaika nichts davon gesagt, weil er ihr den Tag nicht verderben wollte.

»Ich bring dich zurück«, entschied das Kamelmädchen nach kurzer Zeit. »Den Rundgang können wir ein anderes Mal zu Ende machen, wenn es dir wieder besser geht.«

Nachdem sie ihren Freund zu seinem Schlafplatz gebracht hatte, ging sie in ihr Gehege. Sie legte sich hin, doch schlafen konnte sie nicht. Sie wurde immer unruhiger. Sulaika machte sich große Sorgen um Ali. Nach einer Stunde stand sie wieder auf und machte sich auf den Weg zu ihrem kranken Freund.

Schon von weitem, hörte sie ein klägliches Wimmern.

»Ali, um Himmelswillen, was ist mit dir?« Beunruhigt beugte sie sich zu dem Äffchen hinunter und tröstend leckte sie mit ihrer Zunge über sein Köpfchen. Dabei stellte sie fest, dass der Freund sich ganz heiß anfühlte. Er hatte hohes Fieber.

»Mein Bauch!«, stöhnte Ali gequält. »Er tut so weh!«

»Ich hole Hilfe!«

Sulaika rannte los. Bloß gut, dass Ali ihr vorhin gezeigt hatte, wo sich die Krankenstation befand. Diese war ein ganzes Stück entfernt, doch die Angst um ihren Freund, ließ das Kamelmädchen rennen, wie noch nie zuvor in ihrem Leben. In Windeseile erreichte sie ihr Ziel und stürmte in das Gebäude. Der Arzt und ein Pfleger sprangen erschrocken von ihren Stühlen auf.

»Ihr müsst ganz schnell mitkommen!«, stieß sie atemlos hervor. »Ali hat ganz schlimme Bauchschmerzen und Fieber. Beeilt euch!«

»Ich hole schnell das Auto«, sagte der Tierpfleger und lief los.

»Ich geh schon mal mit Sulaika voraus«, rief der Doktor ihm nach.

»*Gehen*? Das dauert viel zu lange. Komm, steig auf meinen Rücken!«

Rasch knickte sie erst ihre Vorder-, und dann die Hinterbeine ein. So ließ sie sich, auf typische Kamelweise, zu Boden gleiten und der Arzt schwang sich auf ihren Rücken. Kaum, dass Sulaika sich wieder aufgerichtet hatte, jagte sie auch schon los.

Das gibt es doch gar nicht, wunderte sich der Arzt und hielt sich an den Höckern des Kamelmädchens fest. Die rennt ja wie ein geölter Blitz! So schnell bin ich noch nie quer durch den Zoo gekommen.

Innerhalb kürzester Zeit gelangten sie bei dem Äffchen an.

Ali stöhnte vor Schmerzen. Behutsam untersuchte der Doktor ihn. Dann tauchte er ein Handtuch in kaltes Wasser und wickelte seinen kleinen Patienten darin ein.

»Auf diese Weise versuche ich das Fieber zu senken«, erklärte er Sulaika.

Endlich erschien auch der Pfleger mit dem Krankenwagen.

»Wieso seid ihr denn schon hier?« Erstaunt blickte er von einem zum anderen. »Was ist mit Ali?«

»Blinddarmentzündung! Wir müssen uns beeilen!«

Nun ging alles sehr schnell. Der kleine Affe wurde in die Krankenstation gebracht und kam gleich auf den Operationstisch. Sulaika wartete vor der Tür. Kurze Zeit später traf auch der Zoodirektor ein und leistete ihr Gesellschaft. Die Minuten vergingen wie im Schneckentempo. Das Kamelmädchen wurde immer zappeliger. Wie lange würde es wohl dauern?

Endlich öffnete sich die Tür und der Arzt kam heraus.

»Alles ist gut gegangen. Ali schläft jetzt. Das war wirklich Rettung in letzter Sekunde!«, sagte der Doktor.

Sulaika seufzte erleichtert auf. »Darf ich zu ihm?«, fragte sie.

»Natürlich. Er wird sich freuen dich zu sehen, wenn er aufwacht. Immerhin hast du ihm das Leben gerettet!« Und an den Direktor gewandt: »Hast du mir nicht erzählt, dass Sulaika an unseren Zoo verkauft wurde, weil sie als Rennkamel zu langsam ist? Sie ist vorhin mit durch den Tierpark gerast, dass mir Hören und Sehen verging.«

Bereits eine Woche später hatte Ali sich gut von seiner Operation erholt. Sulaika lag auf ihrem weichen Lager und das Äffchen hatte es sich zwischen ihren Vorderpfoten gemütlich gemacht. Die beiden kicherten vergnügt. Es wurde Zeit, dass sie Schnipp und Schnapp mal wieder einen Streich spielten. Während sie noch überlegten, womit sie die beiden ärgern könnten, betrat der Zoodirektor das Kamelgehege.

»Habt ihr Lust auf einen kleinen Ausflug?«, fragte er fröhlich.

»Ausflug? Wohin denn?«

»Lasst euch überraschen!«, tat er geheimnisvoll.

Die beiden Tiere erhoben sich und verließen das Gehege. Schnipp und Schnapp schauten neidisch hinter ihnen her.

Die Fahrt in dem Transportwagen dauerte nicht lange. Als sich die Tür wieder öffnete, staunen die zwei Freunde und bekamen ganz große Augen. Sie befanden sich auf einer Rennbahn!

Dem Direktor waren die Worte des Arztes nicht aus dem Kopf gegangen. So hatte er kurzentschlossen seinen Freund angerufen. Dem gehörte die Rennbahn.

»Sulaika«, wandte er sich nun an das Kamelmädchen. »Du weißt, dass du Ali das Leben gerettet hast, nur weil du wie der Teufel gerannt bist. Meinst du, dass du noch einmal so schnell sein kannst?«

Unsicher schaute Sulaika den Direktor an. »Das weiß ich nicht. Ich will es aber gerne versuchen.«

»... und ich möchte dabei sein und auf dir reiten!«, rief das Äffchen begeistert.

»Na, dann los!« Stimmte der Direktor zu, und schon sauste das Kamelmädchen davon. Sie rannte, als sei ein Wüstensturm hinter ihr her. Ali krallte sich in ihrem Fell fest und jauchzte vor Vergnügen.

»Das ist ja eine unglaubliche Zeit, die dein Kamel da läuft!«, staunte der Rennbahnbesitzer, der die Zeit maß. »Das sind ja fast siebzig Stundenkilometer! Damit schlägt sie alle Rekorde!«

Zufrieden lächelte der Zoodirektor.

Der Scheich war überrascht, als er den Anruf aus Deutschland erhielt. Er freute sich riesig, als er von dem Erfolg seiner »weißen Schönheit« erfuhr. Er gestand dem Direktor, dass er seine Sulaika sehr vermisse und schon überlegt habe, sie zurückzukaufen. Selbst wenn aus ihr nie ein Rennkamel werden würde.

Noch am selben Abend erzählte der Direktor den beiden Freunden von seinem Gespräch mit dem Scheich.

»Du kannst zu deiner Familie zurückkehren, wenn du möchtest«, teilte er seiner »kleinen Lady«, wie er sie insgeheim nannte, mit.

Voller Begeisterung sprang Sulaika auf und leckte dem Zoodirektor stürmisch über sein Gesicht. Lachend wehrte dieser die Zärtlichkeit ab.

»Ich werde meine Familie wiedersehen! Und Achmed! Und die Wüste! Und den Sternenhimmel … ich bin ja sooo glücklich!«, rief sie und wackelte vor lauter Freude mit ihren Höckern. Doch plötzlich hielt sie inne. Ihre eben noch strahlenden Augen bekamen einen feuchten Schimmer. Sie blickte zu Ali hinab, der traurig zu ihren Füßen hockte.

»Es geht nicht«, erklärte sie. »Ich kann nicht zurück in meine Heimat. Denn ich werde niemals meinen Freund hier allein zurück lassen!«

Der Zoodirektor schmunzelte: »Das habe ich mir schon gedacht. Ich habe auch *darüber* mit dem Scheich gesprochen. Er ist einverstanden, dass du Ali mitbringst!«

Da kannte das Glück der beiden Freunde keine Grenzen mehr. Sie tollten durch das Gehege und machten ein solches Spektakel, dass alle Tiere des Zoos auf sie aufmerksam wurden.

Am Tag ihrer Abreise ließen Sulaika und Ali es sich nicht nehmen, Schnipp und Schnapp noch einmal zu ärgern. Sie gingen zu den beiden hinüber. Harmlos blickte das Äffchen die Kamele an.

»Könnt ihr mir zum Abschied noch ein paar Fragen beantworten?«

»Was willst du denn wissen?«, fragte Schnipp herablassend.

»Nun, weshalb habt ihr eigentlich zwei Höcker?«

Schnipp verdrehte ihre Augen: »Darin speichern wir Nahrung und Wasser, wenn wir durch die Wüste ziehen.«

»Und warum habt ihr so lange Wimpern?«

»Damit uns der Wind nicht den Sand in die Augen weht, wenn wir durch die Wüste ziehen!«, antwortete Schnapp und fügte hinzu: »Du weißt aber auch gar nichts.«

»Aber warum habt ihr Hufe anstelle von Füßen?«

»Damit wir nicht im Sand versinken, wenn wir durch die Wüste ziehen!«, stöhnte Schnipp genervt. »Hast du noch mehr so dumme Fragen?«

»Ja, eines möchte ich gerne noch wissen«, lächelte das Äffchen: »Wenn ihr so hervorragend für ein Leben in der Wüste ausgestattet seid, … was macht ihr dann hier im *Zoo*?«

Während Sulaika und Ali lachend zum Ausgang liefen, drehte ihnen Schnapp ihr Hinterteil zu. Eingeschnappt wie sie war, begann sie gar fürchterlich zu sabbern.

Schnipp grunzte ungehalten und rief ihnen schnippisch hinterher: »Verschwinde bloß, du verfilzter Flohträger! Gut, dass wir euch los sind!«

Das Kamelmädchen und das Äffchen jedoch amüsierten sich köstlich.

Sulaika wurde ein berühmtes Rennkamel und erzielte große Erfolge. Allerdings ging sie nur an den Start, wenn Ali auf ihrem Rücken saß. Sein vergnügtes Geschnatter spornte sie ungemein an. Wenn sie nicht gerade Rennen liefen, verbrachten sie viele schöne Stunden in der Wüste. Sie führten ein glückliches Leben und wurden sehr, sehr alt.

Das Eselchen mit der schönen Stimme

Die Sonne lachte vom blauen Himmel und tauchte die Landschaft in warmes, goldenes Licht. Vergnügt wälzte Aristidis sich auf der staubigen Erde. Die kleinen Steinchen piekten so herrlich in seinem Rücken. Sich auf diese Weise das Fell zu kratzen war einfach göttlich! Bloß gut, dass seine Mutter nicht da war. Die würde nur wieder mit ihm schimpfen: »Aristidis, sei nicht so albern!« Oder: »Du sollst dich doch nicht immer so schmutzig machen!«

Sicher, sein hellgraues Fell sah nach solch einer Rückenkratz-Aktion immer scheußlich aus, aber das störte den kleinen Esel nicht. Der nächste Regen würde es schon wieder sauber waschen.

Der Esel liebte den Frühling. Alle Viere von sich gestreckt genoss er die wärmenden Sonnenstrahlen, die seinen Bauch streichelten.

Plötzlich spitzte Aristidis seine langen Ohren und lauschte. Vom nahen Kirchturm ertönte ein leises Bimmeln. Oh je, schon elf Uhr! Flink sprang er auf und galoppierte über die Wiese. Atemlos erreichte er das andere Ende. Gerade noch rechtzeitig, denn soeben begannen die Kinder der nahen Schule mit ihrem Musikunterricht.

Außer »sich auf der Erde zu wälzen«, war es die zweitliebste Beschäftigung des kleinen Esels, den feinen Stimmchen der kleinen Sänger zu lauschen. Er hatte noch nie auch nur eine Stunde des Gesangsunterrichtes verpasst. Mittlerweile kannte er alle Texte und Melodien auswendig. Am besten gefielen ihm immer die Weihnachtslieder. Sie klangen so fröhlich und feierlich zugleich. Ganz vertieft lauschte er dem Gesang der Kinder.

Als Aristidis ein Geräusch neben sich vernahm, wandte er sich um. Sein Freund Leandros hatte sich neben ihm am Zaun nieder gelassen.

»Singen sie nicht wieder wunderschön?«, fragte der Esel den großen, goldbraunen Hund.

»Oh, ja!«, stimmte dieser zu. »Ich könnte ihnen stundenlang zuhören. Schade, dass der Unterricht schon zu Ende ist. Schau, da kommen die Kinder.«

»Ja, und da ist auch Eleni.« Aristidis freute sich, als er seine zweibeinige Freundin sah.

»Hallo, ihr beiden! Haben euch unsere Lieder wieder gefallen?«, erkundigte sie sich und streichelte die Freunde.

»Ja, ihr habt wunderschön gesungen«, bestätigte Leandros.

»Sag mal, Eleni«, begann der Esel, »wieso gibt es eigentlich so viele Weihnachtslieder, aber nur so wenige über den Frühling? Es ist doch eine sooo schöne Jahreszeit! Alles erwacht zu neuem Leben, wächst und blüht. Auch die Menschen sind viel fröhlicher.«

»Hm«, nachdenklich zog das kleine Mädchen ihre Stirn kraus. »Das weiß ich auch nicht«, gestand sie und fügte lachend hinzu. »Wahrscheinlich ist den Dichtern und Sängern einfach nichts eingefallen!«

»Das ist aber schade.«

»Ja, das ist es. Wie wäre es denn, wenn *du* dir ein Lied über den Frühling ausdenkst?«

»*Ich*??? Aber ich kann doch gar nicht singen!«, erwiderte Aristidis.

»Hast du es denn schon einmal versucht?«, fragte Eleni. »Du hast doch eine ganz nette Stimme … für einen Esel. Und wer weiß? Vielleicht schlummern ja unbekannte Fähigkeiten in dir.«

»Hm, aber … *wie* denke ich mir denn ein Lied aus?«

»Das ist doch ganz einfach!«, erwiderte das Mädchen. »Du überlegst dir, was in dem Lied vorkommen soll. Alles, was an dieser Jahreszeit so Besonders ist für dich. Dann nimmst du eine Melodie dazu und fertig ist das Lied. Dir fällt bestimmt etwas ein. Jetzt muss ich aber nach Hause.

Macht´s gut ihr beiden!«, winkend lief Eleni davon.

Eine Weile blickten die Freunde dem Mädchen hinterher. Dann begannen sie übermütig über die Wiese zu toben. Immer wieder versuchte der goldbraune Hund dabei auf den Rücken seines Freundes zu springen; doch Aristidis wich jedes Mal geschickt aus und wieherte vor Vergnügen.

Nachdem sie genug herumgetollt hatten, ließen sie sich im Schatten eines alten Olivenbaumes nieder.

Leandros schloss die Augen, um ein wenig zu dösen. Aristidis dagegen war hellwach. Das, was Eleni gesagt hatte, ging ihm nicht aus dem Kopf.

»Findest du auch, dass ich eine schöne Stimme habe?«, fragte er seinen Freund.

»Ich glaub schon«, erwiderte der Hund. »Sing doch mal etwas. Dann kann ich es dir genau sagen.«

»Meinst du wirklich?« Der Esel zögerte.

»Klar! Mach schon. Du kennst doch genügend Lieder. Und außerdem«, grinste Leandros, »hier hört dich keiner außer mir!«

»Gut, wenn du meinst.«

Aristidis räusperte sich und begann zu singen. Zuerst klang seine Stimme noch etwas kratzig und unsicher. Aber je länger er sang, desto klarer und melodischer wurde sie.

»Und? Wie war es?«, fragte er, als das Lied zu Ende war.

Sprachlos starrte Leandros seinen Freund an.

»Das war … großartig! Sing noch etwas!«

Angespornt durch das Lob stimmte Aristidis das nächste Lied an. Und dann noch eins, und noch eins, bis ihm keines mehr einfiel.

»Das war fantastisch! Einfach unglaublich!« Aufgeregt wedelte der Hund mit seinem Schwanz. »Wieso hast du nicht schon früher einmal versucht zu singen? Du hast wirklich eine tolle Stimme.«

Glücklich sprang Aristidis mit allen Vieren gleichzeitig in die Luft.

»Wenn *du* das sagst, gefällt es bestimmt auch den anderen«, freute er sich. »Dann werde ich jetzt mein eigenes Frühlingslied dichten. Ich weiß auch schon welche Melodie ich nehme!«

Leandros verdrehte seine Augen. »Lass mich raten. Ist es die von »Jingle Bells«?«

Verblüfft schaute der Esel seinen Freund an. »Woher weißt du das?«

»Weil du diese Melodie den ganzen Winter über vor dich her summst. Außerdem bekommst du ganz glänzende Augen, wenn die Kinder es singen«, erklärte der Hund. »Weißt du eigentlich, dass das Lied seinen Ursprung in Amerika hat und in viele Sprachen übersetzt wurde?«

»Ja, das wusste ich schon!«, antwortete der kleine Esel und begann mit seiner Arbeit.

Unentwegt summte er die Melodie seines Lieblingsliedes vor sich hin und zauberte einen neuen Text dazu. Stunde um Stunde verging und Leandros lag geduldig daneben und lauschte.

Die ersten Sterne begannen bereits am Himmel zu funkeln, als Aristidis sich gähnend streckte. Es war geschafft. Sein Lied war fertig! Müde ließ er sich ins weiche Gras fallen und schlief sofort ein.

Kurz nachdem die Sonne aufgegangen war, eilte der kleine Esel an das andere Ende der Wiese. Ungeduldig wartete er auf Eleni. Er wusste, dass sie auf ihrem Weg zur Schule hier vorbei kam. Er wollte ihr unbedingt sein Lied vorsingen. Nervös trabte er auf und ab. Endlich erschien das Mädchen.

»Guten Morgen, Aristidis«, begrüßte sie ihn. »Was ist denn los, du bist ja so aufgeregt?«

»Ich habe gestern über deine Worte nachgedacht und ein Frühlingslied gedichtet. Das möchte ich dir gerne vorsingen«, sprudelte er hervor.

»Oh! Da bin ich aber gespannt. Wie geht es denn?«

Und der kleine Esel sang:

»Frühlingszeit, schöne Zeit,
der Winter ist vorbei,
die Welt bekommt ein neues Kleid,
wie durch Zauberei.

Frühlingszeit, schöne Zeit,
ruft´s von fern und nah,
überall Glückseligkeit,
der Frühling der ist da!

Die Natur, sie erwacht,
in bunter Blütenpracht,
die Sonne scheint vom Himmelszelt,
ein Duft erfüllt die Welt.

Die Menschen sind so froh,
die Tiere ebenso,
das Leben kann so herrlich sein,
im warmen Sonnenschein.

Frühlingszeit, schöne Zeit,
der Winter ist vorbei,
die Welt bekommt ein neues Kleid,
wie durch Zauberei.

Frühlingszeit, schöne Zeit,
ruft´s von fern und nah,
überall Glückseligkeit,
der Frühling der ist da!«

Eleni lauschte staunend dem Gesang des Tieres. Am Ende des Liedes klatschte sie begeistert in die Hände.

»Oh, Aristidis, das war wunderschön! Das ist das tollste Frühlingslied, das ich je gehört habe. Deine Stimme ist einfach … fantastisch! Ich habe mir ja gedacht, dass du singen kannst, aber dass es sich so melodisch anhört, hätte ich nie für möglich gehalten!« Sie begann zu kichern. »Großartig, was du aus unserem griechische »Triangel-Weihnachtslied« gemacht hast.«

»Ist es eigentlich schlimm, dass ich die Melodie »geklaut« habe?«, fragte der Esel unsicher.

»Ich glaube nicht, dass sich jemand daran stört. Du hast ja nur einen anderen Text dafür gemacht. Möchtest du es vielleicht nachher in unserem Musikunterricht vorsingen?«

»Meinst du, dass deine Lehrerin es erlaubt?«

»Bestimmt! Ich werde sie gleich fragen. Bis später!«

Pünktlich um elf Uhr erschien die gesamte Schulklasse am Weidezaun. Die Lehrerin war sehr nett. Freundlich bat sie Aristidis, ihnen sein Lied vorzutragen. Eigentlich konnte sie sich nicht vorstellen, dass ausgerechnet ein *Esel* singen konnte, aber sie wollte ihrer Schülerin den Wunsch nicht abgeschlagen, ihrem Freund zuzuhören.

Verblüfft lauschte sie nun dem Gesang des Vierbeiners. Nicht nur, dass er jeden Ton genau traf, auch der Text war wunderschön!

Begeistert klatschten alle Beifall, als der Sänger geendet hatte. Verlegen schaute Aristidis von einem zum anderen. »Hat es euch *wirklich* gefallen?«, freute er sich.

»Und ob!«, bestätigte die Lehrerin. »Hast du Lust das Lied am nächsten Samstag auf unserem Schulfest vorzusingen?«, fragte sie. Da strahlte der kleine Esel und wieherte glücklich.

Voller Ungeduld wartete Aristidis nun darauf, dass es endlich Samstag wurde. Natürlich würde sein Freund Leandros ihn begleiten. Sogar seine überraschten Eltern wollten mitkommen! Aber der kleine Esel wartete auf noch etwas: Auf Regen! Denn schließlich wollte er nicht so struppig und mit verschmutztem Fell vor sein Publikum treten.

Und er hatte Glück. Der Wettergott hatte seinen Wunsch gehört und pünktlich am Freitagnachmittag setzte ein sanfter, warmer Regen ein. Der wusch das Fell des Esels so sauber, dass es glänzte.

Der Auftritt von Aristidis wurde ein voller Erfolg! Alle Dorfbewohner waren erschienen. Nicht einer wollte sich die Darbietung des Esels entgehen lassen. Voller Begeisterung über dessen schöne Stimme und das wunderbare Lied jubelten sie ihm zu. Als Dankeschön überhäuften sie ihn anschließend mit leckeren Möhren und frischen Disteln.

Aristidis war sehr, sehr glücklich.

In den folgenden Wochen wurde er häufig gebeten, bei Dorffesten und auf Hochzeiten sein Frühlingslied vorzutragen. Mit seiner Stimme verzauberte er das Publikum immer wieder aufs Neue. Mittlerweile sang er nicht nur »sein« Lied, sondern auch all die anderen, die er kannte.

So ging es viele Jahre lang. Und bis zum heutigen Tag wird in jedem Frühling, in den Schulen und Dörfern, das Lied »Frühlingszeit, schöne Zeit« gesungen!

Die kleine Schlange Samira

Zusammengerollt lag Samira auf ihrem Lieblingsplatz. Der große, glatte Stein am Fluss eignete sich prima für ein Sonnenbad. Die kleine Schlange genoss es, wenn die Sonnenstrahlen ihren Körper wärmten und ihre Schuppen zum Glänzen brachten.

Doch das war auch schon ihre ganze Freude an diesem Tag.

Ihren Schulranzen hatte sie achtlos abgestreift und lag nun neben ihr im Sand. Die kleine Schlange war traurig. Eine dicke Träne kullerte über ihre Wange. Heute waren ihre Klassenkameraden besonders gemein zu ihr gewesen. Vor allem die dumme Dana hatte ganz gehässige und giftige Bemerkungen gemacht. Dabei konnte sie, Samira, doch nichts dafür, dass sie diesen dummen Sehfehler hatte. Sie konnte kaum erkennen, was der Lehrer an die Tafel schrieb. Deswegen wurde sie immer gehänselt.

Aber nun hatte sie einen Entschluss gefasst: Sie würde sich fortschlängeln! Jawohl! Ganz weit weg, wo sie niemand mehr ärgern würde. Vielleicht würde Dana sich ja dann vor lauter Wut, weil sie niemanden mehr zum Ärgern hatte, auf ihre spitze Zunge beißen und von ihrem Gift ganz tüchtig Bauchweh bekommen.

Lustlos züngelte Samira nach einer Libelle. Die mit den grünen Flügeln mochte sie besonders gerne. Die waren wirklich lecker. Sie war zwar im Augenblick nicht hungrig aber schließlich brauchte sie Proviant für ihre Reise. Als sie zwei Libellen und drei buntschillernde Käfer gefangen hatte, stopfte sie diese in ihren Schulranzen. Dann machte sich auf den Weg.

Sehr schnell kam Samira nicht voran, schließlich war sie ja noch eine ganz kleine Schlange. Außerdem musste sie gewaltig aufpassen, dass nicht etwa eine der Großkatzen oder ein Greifvogel sie entdeckte. Denn diese waren ihre größten Feinde.

Sie schlängelte sich durch hohes, trockenes Gras, das dabei leise knisterte. Dann wieder führte sie ihr Weg über sandigen Boden. Sie kicherte, weil der Sand so an ihrem Bauch kribbelte.

Als es zu dämmern begann, schaute Samira sich nach einem geeigneten Schlafplatz um. Doch weder ein Baum, noch eine Felsspalte waren zu sehen. Also grub sie sich rasch ein Loch im Erdboden, in dem sie sich zusammenringelte. Ganz erschöpft von der langen Wanderung schlief sie auf der Stelle ein.

Früh am nächsten Morgen erwachte die kleine Schlange. Ein vorwitziger Sonnenstrahl kitzelte sie an der Nase und ihr Bäuchlein knurrte gewaltig. Nun war sie froh, dass sie ihren Proviant hatte. Nachdem sie sich satt gegessen hatte, setzte sie ihre Reise fort.

Gegen Mittag bemerkte sie, dass das Gras grüner und der Boden feuchter wurde. Die Sonne stand bereits hoch am Himmel und in der Ferne hörte sie ein eigentümliches Klappern. Neugierig kroch sie auf das Geräusch zu. Plötzlich erstarrte sie. Direkt vor ihr ragten zwei lange, dünne Beine aus dem Gras. Ihr Herzchen klopfte rasend schnell. Vorsichtig schielte Samira an den dürren Stelzen hinauf. Diese endeten in einem, mit weißen Federn umgebenen Körper. Mehr konnte die kleine Schlange nicht erkennen. »Hoffentlich bemerkt mich das Tier nicht«, dachte sie ängstlich. Doch da ertönte bereits eine raue Stimme:

»Ja, was haben wir denn da? Da ist ja ein ganz besonderer Leckerbissen!« Und schon schloss sich ein orangefarbener, langer, spitzer Schnabel um ihre Körpermitte. Im nächsten Moment wurde sie hoch in die Luft gehoben. Hilflos hing Samira zwischen Himmel und Erde. Ihr Schwanz und ihr Kopf baumelten herab und der kleinen Schlange wurde schwindelig.

Ihren ganzen Mut zusammen nehmend, zischte sie den Riesenvogel an: »Wage es ja nicht, mich zu fressen! Lass mich sofort wieder herunter!«

Der große Vogel lachte spöttisch. »Warum sollte ich dich *nicht* fressen?«

»Weil … weil ich auf der Suche nach *freundlichen* Tieren bin. Wenn du mich frisst, habe ich keine Möglichkeit jemals welche kennenzulernen«, stotterte die kleine Schlange.

»Gibt es denn da, wo du herkommst, keine netten Tiere?«, fragte der große Vogel verwundert.

»Nein. Dort sind alle immer nur gemein zu mir. Sie ärgern mich, weil ich einen Sehfehler habe«, verriet sie ihm und bat dann erneut: »Bitte lass mich herunter. Mir ist schon furchtbar schlecht!«

Da setzte der Vogel seine Beute ganz behutsam wieder auf den Boden.

»Das hab ich nun davon«, lachte er. »Warum unterhalte ich mich auch mit meinem Essen!«

»Was bist du überhaupt für ein Tier?«, fragte die kleine Schlange.

»Ich bin ein Storch! Mein Name ist Bakur«, antwortete er stolz. »Und wie heißt du?«

»Ich bin Samira. Frisst du immer Schlangen?«

»Nein, meistens Frösche, Fische und Mäuse. Schlangen eher selten, obwohl die besonders lecker sind!«, antwortete er. Dabei klapperte er spitzbübisch mit seinem Schnabel.

»Was ist das denn für ein Sehfehler, den du hast?«, erkundigte er sich.

»Ach, ich kann nur Dinge klar und deutlich erkennen, wenn sie sich direkt vor mir befinden. Alles was weiter weg ist, sehe ich nur ganz verschwommen«, erklärte Samira.

Mitfühlend nickte Bakur. »Ja, ich weiß genau was du meinst. Wir Störche können auch nicht gut sehen. Das kann ganz schön lästig sein!«

»Aber wie findest du denn dann dein Futter?«

»Bei uns ist es genau umgekehrt wie bei dir. Je weiter etwas entfernt ist, desto deutlicher sehen wir es. Deshalb haben wir auch so lange Beine und so einen langen Schnabel. Sonst wären wir bestimmt schon verhungert.«

»Du hast es gut!«, seufzte die kleine Schlange.

»Sei nicht traurig, Samira. Vielleicht kann ich dir helfen.«

»Oh, Bakur, das wäre zu schön!«

Der Storch überlegte.

»Ich habe einen Freund, der könnte vielleicht etwas für dich tun. Allerdings wohnt er ziemlich weit weg. Es würde sehr, sehr lange dauern, bis wir bei ihm ankämen.«

»Ich kann ganz schnell schlängeln«, beteuerte Samira. Doch Bakur schüttelte den Kopf.

»Trotzdem wären wir zu lange unterwegs.«

Nach einer kurzen Pause meinte er jedoch: »Es gibt nur eine Möglichkeit: Wir müssen fliegen!«

»Fliegen?« Entsetzt starrte Samira den Storch an. Von *fliegenden Fischen* und *Flughunden* hatte sie ja schon gehört, aber Schlangen, die durch die Lüfte gleiten? Nein! »Wie soll das denn gehen?«, fragte sie unsicher.

»Ganz einfach!«, Bakur schmunzelte und erklärte ihr, wie er sich die Flugreise vorstellte. Samira war das alles nicht ganz geheuer. Gab es keine andere Möglichkeit? Ach, was soll´s. Dem Mutigen gehört die Welt.

Behutsam nahm der Storch sie in seinen Schnabel und hob sie hoch. Vorsichtig setzte er sie auf seinem Rücken ab. Von dort aus kroch die kleine Schlange zu seinem Hals und wickelte sich um ihn herum.

»Aber nicht zu fest«, ermahnte Bakur sie. »Sonst bekomme ich keine Luft und wir stürzen ab. Schau immer geradeaus, in Flugrichtung«, empfahl er ihr. »Dann wird dir auch nicht schlecht!«

Aufgeregt klammerte Samira sich fest. Der Storch breitete seine Flügel aus und los ging es.

Schnell gewöhnte die kleine Schlange sich an die ungewöhnliche Fortbewegung. Bald schon machte ihr diese Art zu Reisen sogar großen Spaß. Ihre anfängliche Angst war wie weggeblasen. In Windeseile huschten Wiesen, Flüsse und Bäume unter ihr hinweg. Nur schade, dass sie alles nur verschwommen sah. Aber sie konnte sich vorstellen, wie großartig es aussah.

Bald schon erreichten sie das Nest, in dem Bakurs Freund lebte. Zum Glück war Calix zu Hause und der Storch berichtet ihm, um was es ging. Sofort begann der Vogel in einer Kiste herumzukramen. Plötzlich hielt er ein seltsames Gebilde im Schnabel.

»*Das* habe ich gesucht. Ich habe es selbst entworfen!«, verkündete Calix stolz und hielt es Samira direkt vor die Nase.

»Das sieht aber lustig aus«, bemerkte die kleine Schlange. Neugierig betrachtete sie das winzige, aus Draht geformte Gestell. Es sah aus wie eine liegende Acht. Rechts und links an den Rändern baumelte ein Gummiband herab und in den seltsamen Rundungen befand sich Glas.

»Gefällt es dir? Ich nenne es »Brille«!«, erklärte Calix. »Probiere es doch einmal auf! Komm ich helfe dir.«

Er nahm die Brille und setzte sie Samira auf. Dann verknotete er die Bänder unter ihrem Kinn und überprüfte den Sitz. »Passt wie angegossen!«, freute er sich. »Und? Was meinst du?«

Zaghaft öffnete Samira ihre Augen und blinzelte. Neugierig blickte sie sich um. Voller Verwunderung stellte sie fest, dass sie *alles* sehen konnte!

»Das ist wunderbar! Einfach … großartig!«, stammelte sie überwältigt. »Seht nur, dort unten hüpft ein Frosch! Und da hinten am Fluss spielen zwei Elefantenkinder! Alles ist so deutlich zu erkennen!«

Strahlend drehte sie sich zu den beiden Störchen um. »Wie sehe ich denn überhaupt aus mit der Brille?«, fragte sie ein wenig verlegen.

»Prima! Sie steht dir ganz hervorragend«, lachten die Freunde.

»Weißt du«, bemerkte Calix, »ich bastle gerne und denke mir Sachen aus. Diese Brille sollte eigentlich für meine Schwester sein. Ich habe mich aber beim Schleifen der Gläser vertan. Nun freu ich mich, dass ich dir damit helfen kann.«

Die kleine Schlange bedankte sich viele Male für das tolle Geschenk. Sie war unbeschreiblich glücklich.

»Fliegst du mich nun bitte nach Hause?«, fragte sie Bakur.

Nachdem sie sich von Calix verabschiedet hatten, ging es wieder hoch in die Lüfte. Dieses Mal betrachtete Samira voller Begeisterung die Welt, die sich unter ihr ausbreitete. Was es da alles zu sehen gab! Und zufrieden stellte sie fest: Es gab sie wirklich, die *netten* Tiere!

Kaum hatte Bakur seine leichte Last zu Hause abgesetzt, kamen sogleich alle Dorfschlangen angekrochen. Neugierig bestaunten sie Samiras Sehhilfe und freuten sich, dass die Kleine nun genauso gut sehen konnte, wie alle anderen. Nur die dumme Dana wurde ganz grün vor Neid. Am nächsten Morgen erschien sie nicht zur Schule. Ihre Mutter entschuldigte sie mit … Bauchschmerzen.

Bakur und Samira trafen sich regelmäßig und unternahmen kleine Ausflüge. Hin und wieder besuchten sie auch Calix. Stets hatte dieser eine neue »Erfindung« gemacht, die er seinen Besuchern stolz vorführte.

Die kleine Schlange wurde sehr, sehr alt. Und in all den Jahren nahm sie nicht ein einziges Mal ihre Brille ab.

Sie bekam viele kleine Schlangenbabys. Doch das Ungewöhnliche an ihnen war, dass jedes von ihnen eine merkwürdige, dunkle Zeichnung rund um die Augen hatte. Genauso, wie es sich für richtige *Brillenschlangen* gehörte!

Freunde für immer

Wie lange, leuchtende Finger, bahnten sich die Sonnenstrahlen ihren Weg durch das dichte, grüne Blätterdach des Regenwaldes. Hoch oben, in einer der Baumkronen, hingen träge die beiden Faultiere Sleepy und Snory. Ihre gebogenen Klauen hatten sie tief in die Rinde der Äste gegraben, so hatten sie einen sicheren Halt. Beide schliefen tief und fest. Bis … Sleepy von dem lauten Schnarchen seines Artgenossen geweckt wurde.

»Snory macht seinem Namen wirklich alle Ehre!«, grummelte er. »Ist ja nicht zum Aushalten mit diesem Kerl. Schnarcht, als ob er ganz alleine auf der Welt sei!«

In diesem Moment ertönten die durchdringenden Pfiffe des »Sechs-Uhr«-Vogels, der mit seinem Ruf den Anbruch des Tages verkündete. Jetzt war es mit Sleepys Nachtruhe endgültig vorbei. Nach und nach erwachten nun alle anderen Tiere des Dschungels. Die Affen kreischten und schnatterten, die unzähligen Vögel zwitscherten und krächzten und auch die Frösche stimmten mit ihrem unmelodischen Gequake in das Konzert mit ein. Doch im Gegensatz zu den nervigen Schnarch-Geräuschen seines Artgenossen, störte

Sleepy dieser ohrenbetäubende Lärm nicht im Geringsten.

Nun, das Faultier hatte seine sechzehn Stunden Schönheitsschlaf gehabt und reckte sich. In der feucht-warmen Luft lag der Geruch von faulendem Laub, Pilzen, Vanille und Zimt. Sleepy schnupperte und bekam augenblicklich Hunger. Wo hatte er doch gestern die leckeren Blätter gesehen? Darauf hätte er jetzt Appetit! Gaaanz langsam, in der üblichen Faultiergeschwindigkeit, hangelte Sleepy sich an seinem Ast entlang. Doch er kam nicht weit.

»Was verbreitest du denn schon wieder für eine Unruhe? Und das am frühen Morgen! Kannst du nicht einmal ein paar Stunden still herum hängen?«, ertönte hinter ihm die Stimme von Snory.

»Daran bist du selber schuld! Bei deinem Geschnarche kommt man ja gar nicht zur Ruhe. Den ganzen Regenwald hältst du damit wach!«, entgegnete Sleepy mürrisch.

Snory seufzte: »Ich werde nie begreifen, warum der weise Anführer unseres Rudels entschieden hat, dass ausgerechnet *wir beide* uns einen Baum miteinander teilen müssen. Jedes andere Faultier hat seinen eigenen Baum, nur wir nicht!«

»Der alte Manituba wird schon seine Gründe dafür gehabt haben«, entgegnete Sleepy, und fügte hinzu: »Obwohl ich mir auch einen angenehmeren Baummitbewohner vorstellen kann, als ausgerechnet *dich*!«

»Oho, hört, hört! Ich bin dir wohl nicht fein genug, du Nachkomme eines Gürteltieres!«

»Lieber mit einem Gürteltier verwandt sein, als von einem brummigen Ameisenbär abzustammen, so wie du!«, gab Sleepy zurück. »Und jetzt lass mich in Ruhe!«

»Wenn du Zähne hättest, würdest du mich wohl jetzt am liebsten beißen«, stichelte Snory weiter.

»Wenn ich Zähne hätte, würde ich den Ast abnagen, an dem du hängst!« Grinsend drehte Sleepy sich um. *Warum* Snory und er sich immer zankten, wusste er gar nicht mal zu sagen. Sie kabbelten sich, seitdem sie laufen, na ja, besser gesagt *hängen* konnten. Manchmal ging ihm das ganz schön auf die Nerven.

Langsam hangelte Sleepy sich an seinem Ast weiter. Ganz in Gedanken versunken, dachte er an die Blätter, die er gleich verspeisen würde. Und dann geschah es: Ein riesiger, roter Schmetterling tauchte plötzlich direkt vor seiner Nase auf. Vor Schreck verlor das Faultier den Halt und stürzte in die Tiefe!

Sich mehrmals überschlagend und kleine Äste mit sich reißend, schlug er mit einem dumpfen »Plop« auf dem Boden auf.

Snory, der den Sturz mit angesehen hatte, sprang auf. »Sleepy, Sleepy, bist du verletzt?«

Obwohl sich Faultiere *niemals* schnell bewegen, eilte er nun, so schnell er konnte, den Baumstamm hinab. Kaum war er unten angelangt, schlug Sleepy die Augen auf. Sein dickes Fell hatte zwar den Aufprall etwas gemindert, aber …

»Meine Beine!«, stöhnte er. »Ich kann meine Hinterbeine nicht bewegen!«

»Bleib ganz ruhig liegen, ich helfe dir!«, tröstete Snory seinen Artgenossen. Besorgt beugte er sich über den Verunglückten. »Wie konnte das denn nur passieren?«

»Ich weiß auch nicht«, jammerte Sleepy. »Ich war wohl etwas unachtsam.«

»*Etwas* ist gut! Wo warst du denn mit deinen Gedanken?«

»Ich hab mich gefragt, weswegen wir uns eigentlich immer so angiften«, murmelte Sleepy.

Verdutzt schaute Snory auf. »Das weiß ich auch nicht«, gab er zu. »War halt schon immer so.«

»Was machen wir denn jetzt? Ich kann hier doch nicht so liegen bleiben. Hier erwischen mich doch die großen Katzen und die Schlangen!« Mit ängstlichem Blick schaute er sich um.

»Ich bring dich zu Manituba. Der wird dich wieder gesund machen!«

»Und *wie* willst du das anstellen? Ich kann doch nicht laufen!«, bemerkte Sleepy mit schmerzverzerrtem Gesicht.

»Warte nur ab. Du wirst es gleich sehen!«

Snory drehte sich zu dem Baumstamm um, in dessen Ästen sie vor wenigen Minuten noch gehangen hatten. Mit seinen scharfen Krallen kratzte er ein dickes Stück Rinde heraus. Dies war leicht gebogen, fast wie eine Hängematte, und es hatte genau die passende Größe für Sleepy. Nachdem er eine dünne Liane daran befestigt hatte, polsterte er die Trage noch mit etwas Moos und Blättern aus. Dann half er dem Verletzten sich vorsichtig darauf zu rollen. Nun konnte es losgehen.

Snory schlang sich die Liane um den Bauch und zog seine Fracht in Richtung des Flusses. Unbeholfen stolperte er vorwärts. Der Boden war feucht und glitschig. Schon bald schnaufte er, wie ein kurzatmiges Wasserschwein. Faultiere waren nun mal ganz schlechte Fußgänger. Der einsetzende Regen machte Snory seine Arbeit auch nicht leichter. Die dicken Regentropfen verwandelten die Luft in dampfenden Nebel und das Atmen fiel ihm schwer. Hinzu kam, dass sich kaum ein Sonnenstrahl bis hier unten hin verirrte. Dafür war das Blätterdach der hohen Bäume zu dicht. Außerdem konnte das Faultier in dem dämmrigen Licht kaum etwas sehen.

Gegen Mittag erreichten sie endlich das Flussufer. Erschöpft ließ Snory sich auf die Erde fallen.

»Es tut mir leid, dass du so viel Mühe mit mir hast«, entschuldigte Sleepy sich. »Sobald ich wieder gesund bin, werde ich es wieder gut machen. Es ist großartig, was du für mich tust!«

»Schon gut. Ich denke, du hättest das Gleiche für mich getan«, entgegnete Snory.

»Wieso müssen wir auch ausgerechnet hoch oben in den Baumwipfeln leben«, seufzte Sleepy. »Hätten wir eine Höhle oder ein Nest auf dem Boden, wäre die Gefahr eines Sturzes bedeutend geringer.«

Snory grinste: »Du weißt doch, was sich die Indianer des Urwaldes seit Generationen erzählen, oder nicht?«

»Nein, was denn?«

»Nun, dann will ich es dir verraten: Es war zu der Zeit, als alle Tiere noch damit beschäftigt waren, sich ihre Schlafplätze einzurichten. Natürlich gab es da auch eine Faultier-Familie. Diese hatte sich des Nachts zum Schlafen auf den Erdboden gelegt. Doch es war eine bitterkalte Nacht, so dass der Boden mit einer weißen Eiskruste überzogen wurde. Unsere Urahnen froren entsetzlich. Am nächsten Morgen nahmen sie sich vor, ein kuscheliges Nest zu bauen. Als dann jedoch der nächste Tag anbrach und die Sonne herrlich warm vom Himmel schien, vergaßen sie ihr Vorhaben. Bis sich in der folgenden Nacht das Gleiche wiederholte. So ging es immer weiter. Deshalb haben Faultiere nie Nester gebaut.«

Sleepy kicherte: »Darum haben sie also angefangen die Bäume hoch zu klettern. Um der Sonne möglichst nah zu sein! So, wie wir es heute auch noch machen.«

»Das war aber eine schöne Geschichte!«, ertönte plötzlich eine leise, einschmeichelnde Stimme hinter den beiden. Erschreckt blickten die zwei Faultiere sich um. Nur wenige Schritte von ihnen entfernt lag zusammengerollt, eine dicke, braune Schlange mit schwarzen Flecken! Nur wenn man ganz genau hinschaute, konnte man sie erkennen. Sie unterschied sich kaum von ihrer Umgebung.

»Hallooo, ihr beiden! Ich bin Ana, … Ana Konda, und wer seid ihr?«, stellte sie sich mit ihrer samtigen Stimme vor.

Starr vor Schreck bekamen Sleepy und Snory keinen Ton heraus. Die beiden hatten sofort erkannt, dass es sich bei ihrem Gegenüber um eine Würgeschlange, ihren größten Feind, handelte.

»Ihr braucht keine Angst vor mir zu haben! Ich habe mich erst gestern so richtig satt gegessen. Das reicht für ein paar Wochen«, beruhigte sie die verängstigten Faultiere.

»Www … was hahast dddu denn gegegessen?«, stotterte Sleepy zitternd.

Die Schlange lachte: »Das müsst ihr gar nicht wissen. Aber ich kann euch beruhigen: Es war keiner eurer Artgenossen! Was macht ihr denn hier?«

Beruhigt atmeten Sleepy und Snory auf. Da hatten sie ja noch einmal Glück gehabt, und abwechselnd erzählten sie Ana von dem Unfall und wie er sich zugetragen hatte. Nachdenklich schaute die Schlange von einem zum anderen.

»Ihr müsst wirklich gute Freunde sein. Ich glaube nicht, dass jemand für mich so etwas tun würde. Wenn ihr wollt helfe ich euch.«

Überrascht blickten die beiden Faultiere sich an. Was hatte die Schlange da gesagt? Freunde? Sie beide? Aber wenn sie genauer darüber nachdachten, hatte Ana ja vielleicht Recht.

»Wohin müsst ihr denn?«, erkundigte sich die Schlange.

»Unser Oberhaupt lebt hinter der dritten Flussbiegung, auf der rechten Uferseite«, antwortete Sleepy.

»Na, worauf warten wir dann noch?!«

Mit vereinten Kräften schoben die Schlange und das Faultier die Trage in die sanfte Strömung des Flusses. Obwohl Snory ein hervorragender Schwimmer war, würde es mit Anas Hilfe viel schneller gehen.

Noch bevor der »Sechs-Uhr«-Vogel mit seinem durchdringenden Pfeifen den Einbruch der Dunkelheit ankündigte, erreichten sie ihr Ziel.

Der alte Manituba stand am Ufer und blickte ihnen entgegen. So, als ob er gewusst hätte, dass sie kommen. Er bedankte sich bei Ana Konda für ihre Hilfe und untersuchte den verletzten Sleepy. Nachdem er dessen gebrochene Beine geschient hatte, brachte er ihn an einen geschützten Platz. Dort bettete er ihn auf ein weiches Lager und versorgte ihn mit ein paar Früchten.

Auch Snory wurde gut versorgt. So ließen sie es sich gut gehen und blieben so lange bei Manituba, bis Sleepy wieder gesund war. Sie verbrachten die Zeit mit Geschichten erzählen und natürlich mit gaaanz viiiel Schlaf!

Als Sleepys Beine geheilt waren, und der Tag des Abschieds kam, blickte der weise Anführer der Faultiere ernst von einem zum anderen.

»Von heute an werden sich eure Wege trennen«, begann er. »Jeder von euch wird nun seinen eigenen Baum bewohnen.«

Erschrocken schauten sich Sleepy und Snory an. Was sollte das denn jetzt? Ausgerechnet jetzt, wo sie zu wirklichen Freunden geworden waren, sollten sie sich trennen? Verunsichert sahen sie zu Manituba auf.

»Warum können wir nicht zusammen bleiben? Wir streiten auch nicht mehr!«, versicherten sie.

»Das weiß ich. Ihr werdet immer füreinander da sein. Das habt ihr bewiesen. Und …«, der Alte lächelte, »… es spricht nichts dagegen, dass eure Bäume direkt nebeneinander stehen!«

Und so geschah es. Sleepy und Snory bezogen zwei Bäume, deren Äste miteinander verschlungen waren. So konnten sie sich jederzeit besuchen. Und wenn Snory wieder einmal den ganzen Regenwald durch sein Schnarchen weckte, verkroch Sleepy sich einfach an das entgegengesetzte Ende seiner Baumkrone.

Geheimnisvoll schallten die Laute unzähliger Tierstimmen durch den Regenwald. Begleitet von dem sachten Trommeln der Regentropfen klang es fast wie eine Melodie.

Der Tag neigte sich langsam seinem Ende zu. Mühsam schob sich die kleine, giftgrüne Raupe vorwärts. Puh, war das anstrengend. Hätte sie doch bloß nicht so viel gefressen! Aber die Blüten der Bananenstaude waren so lecker gewesen, dass sie gar nicht genug davon bekommen konnte. Komisch, seit einigen Tagen war sie unersättlich. Immerzu hatte sie Hunger. Ihr Bauch war mittlerweile so dick, dass sie achtgeben musste, nicht über ihn zu stolpern.

Endlich erreichte Jasmin den Rand des Bananenblattes. Erschöpft rollte sie sich zusammen. Irgendetwas stimmte nicht mit ihr, das spürte sie ganz genau. Außer ihrem grenzenlosen Appetit, war sie auch ständig müde. Während sie noch darüber nachdachte, fielen ihr bereits die Augen zu.

Was die kleine Raupe nicht ahnte, war, dass sie sich während ihres tiefen Schlafes veränderte. Ein aus hauchdünnen Fäden bestehendes Gespinst hüllte sie ein; und in dieser Umhüllung wuchsen ihr Beine, Fühler und Flügel.

Zwei lange Wochen dauerte die Verwandlung und als Jasmin erwachte, war aus ihr ein wunderschöner Schmetterling geworden!

Sofort bemerkte Jasmin, dass etwas an ihr anders war, als zu dem Zeitpunkt, an dem sie eingeschlafen war. Doch *was* war es? Neugierig blickte sie in die kleine Pfütze, die der Regen in der Mulde des großen Blattes hinterlassen hatte. Staunend betrachtete sie sich. War sie das wirklich? Sie sah völlig verändert aus! Von der ehemaligen, dicken kleinen Raupe mit den kurzen Beinchen war nichts mehr zu sehen. Dafür hatte sie jetzt einen zierlichen Körper, lange dünne Gliedmaßen, die fast zerbrechlich wirkten, und … herrliche rote Flügel! Jasmin fand sich wunderschön und zaghaft begann sie, die prachtvollen Flügel zu bewegen. Es war ein großartiges Gefühl! Aber, wie ging denn das jetzt mit dem Fliegen? Suchend blickte sie sich um. Gab es denn niemanden den sie fragen konnte? Doch weit und breit war kein anderer Schmetterling zu sehen. Dann musste sie es eben alleine herausfinden.

Ihre Fühler zitterten vor Aufregung. Immer wieder hob und senkte sie ihre Flügel, doch nichts geschah. Erst als sie es etwas schwungvoller probierte, klappte es auf einmal! Es waren zwar nur wenige Zentimeter, die sie über dem Blatt schwebte, aber es war ein unbeschreibliches Gefühl. Überrascht, weil ihr dies gelungen war, vergaß sie, die Flügel weiter zu bewegen. Mit einem Plumps landete sie wieder auf der weichen Unterlage. Trotz der etwas unfreiwilligen Landung freute Jasmin sich. Nun wusste sie, wie es ging.

Nach einer kurzen Verschnaufpause probierte sie es gleich noch einmal.

Der Start gelang ihr schon ganz gut. Kräftig mit den Flügeln schlagend erhob sie sich in die Luft. Noch etwas unbeholfen flatterte sie erst ein paar Runden im Kreis herum, doch von Minute zu Minute fühlte sie sich sicherer und schnell wurde sie übermütig. Erfüllt von dem Glücksgefühl, schwebte sie immer höher hinauf. Zu gerne wollte sie einen Blick über das dichte Dach der Baumkronen werfen. Was sie wohl zu sehen bekommen würde?

Die Hälfte der Strecke hatte sie bereits zurückgelegt, da geschah es:

In dem trüben Dämmerlicht hatte sie nicht genügend auf ihre Umgebung geachtet. Beinahe hätte sie das Faultier, das sich langsam an dem Ast eines Baumes entlang hangelte, übersehen! Verunsichert drehte Jasmin sich um … und sah gerade noch, wie das Tier seinen Halt verlor und in die Tiefe stürzte!

Zu Tode erschrocken und am ganzen Körper zitternd, schwebte sie zu ihrer Bananenstaude zurück. Mit klopfendem Herzen ließ sie sich auf dem Blatt nieder. Was hatte sie getan? Hatte *sie* das Faultier etwa berührt und war *sie* für seinen Absturz verantwortlich? War es verletzt? Hoffentlich war ihm nichts Schlimmes geschehen! Ach, wäre sie doch nur vorsichtiger geflogen!

Der kleine Schmetterling begann bitterlich zu weinen.

Viele Tage lang saß Jasmin auf ihrem Blatt und rührte sich nicht. Sie hatte beschlossen, nie wieder ihre Flügel zu benutzen. Allein der Gedanke ans Fliegen bereitete ihr Magenschmerzen. Sie hatte fürchterliche Angst.

Eines Morgens wurde der kleine Schmetterling durch seltsame Geräusche geweckt. Obwohl sich die Laute ziemlich gruselig anhörten, musste sie unbedingt wissen, was es war. Da! Schon wieder: »Hatschi!« - »Hatschi!« Neugierig schaute Jasmin über den Rand ihres Blattes. Unter der Bananenstaude hatte sich ein Ameisenbär niedergelassen; und dieser stieß die eigenartigen Töne aus.

»Hatschi!«

»Hallo!«, rief sie ihm zu. »Wer bist du und was sind das für seltsame Laute, die du da von dir gibst?«, fragte sie erstaunt.

»Ich heiße Oskar«, antwortete der Ameisenbär und seufzte. »Ich habc meine Nase in einen Ameisenhaufen gesteckt, um mich so richtig satt zu essen. Die kleinen Dinger sind – Hatschi – einfach zu köstlich! Tja, und dabei hat sich eine von ihnen in meinem Rüssel festgebissen. Es kitzelt gar fürchterlich, und ich bekomme sie – Hatschi – nicht mehr heraus.«

Mitfühlend schaute Jasmin ihn an: »Das muss ja schrecklich sein! Kannst du denn gar nichts dagegen machen?«

»Ach, ich hab schon alles versucht. Ich habe meinen Rüssel – Hatschi – in den Fluss getaucht, und das Wasser eingesaugt, damit die Nase richtig durchgespült wird. Sonst hat es auch immer geholfen, nur dieses Mal nicht – Hatschi –.«

»Hast du auch versucht, die Ameise mit einem dünnen Stock aus deiner Nase herauszukratzen?«

»Ja, natürlich! Es hat auch nicht funktioniert – Hatschi –.«

»Gibt es denn niemanden der dir helfen kann?«

Nachdenklich schaute Oskar zu dem kleinen Schmetterling hinauf. »Doch, da gäbe es schon jemanden. Aber es ist nicht leicht, ihn zu finden.«

»Wie heißt denn dieser »Jemand«, und wo wohnt er?«

»Es heißt Paddel, und ist ein Tausendfüßler. Allerdings … wo er wohnt – Hatschi – weiß niemand so genau. Kannst *du* mir nicht helfen ihn zu finden?« Bittend sah der Ameisenbär Jasmin an.

»*I c h*? Wie soll ich dir denn helfen?«

»Nun, du bist ein Schmetterling und kannst fliegen! Wenn wir gemeinsam suchen …«

»… Nein, nein!«, unterbrach Jasmin ihn schnell. »Das geht nicht. Ich … ich kann nicht fliegen!«, setzte sie zögernd hinzu.

»Warum kannst du denn nicht fliegen?«, fragte Oskar verwundert. »Du hast doch zwei wunderhübsche Flügel.«

Da erzählte Jasmin ihm, was ihr geschehen war.

»Verstehst du nun, weshalb ich dir nicht helfen kann? Ich würde es wirklich gerne tun!«, fügte sie am Schluss ihrer Erzählung hinzu.

Oskar hatte ihr aufmerksam zugehört. »Ich mach dir einen Vorschlag«, begann er, nachdem beide eine Weile geschwiegen hatten. »Ich helfe dir und du hilfst mir!«

»Und wie soll das gehen?«, erkundigte Jasmin sich mutlos. »Willst du mich vielleicht auf meinem nächsten Flugversuch begleiten?«

»Das brauch ich gar nicht«, erklärte der Ameisenbär ernst. »Du musst nur deine Angst überwinden. Du hast eine schlimme Erfahrung gemacht aber erinnere dich an dein Glücksgefühl, das du hattest, als du geflogen bist. Denk jetzt *nur* daran. Nicht an das Unglück, an dem du ja vielleicht gar nicht Schuld bist!«

»Das ist leichter gesagt, als getan«, entgegnete Jasmin. Doch ein kleiner Hoffnungsschimmer glomm in ihr auf. »Meinst du wirklich, dass ich vielleicht *keine* Schuld an dem Sturz des Faultieres habe?«

»Ich werde dir helfen, das heraus zu finden. Wenn du mir hilfst, Paddel zu suchen«, versprach der Ameisenbär. Mehrere kräftige Nieser schüttelten ihn.

Einen Moment zögerte Jasmin noch, doch dann nickte sie: »Gut, einverstanden!«

»So ist es recht!«, freute Oskar sich. »Jetzt komm einmal herunter zu mir.«

Ein bisschen mulmig fühlte der kleine Schmetterling sich schon, als er an den Rand des Blattes trat. Dann breitete er seine Flügel aus.

Gespannt blickte der Ameisenbär hinauf. Nun kam der Augenblick der Entscheidung. Würde die Kleine springen, oder nicht?

Jasmin schloss die Augen. Ihr Herz schlug wie verrückt und die Knie wurden ihr weich. Noch einmal holte sie tief Luft. Jetzt oder nie! Dann sprang sie!

Mit gleichmäßigen Flügelschlägen glitt sie durch die Luft und landete direkt vor Oskars Nase. Ein herzhaftes »Hatschi« begrüßte sie.

»Das hast du gut gemacht!«, lobte er sie. »Und? War es schlimm?«

Wortlos, aber mit strahlendem Gesicht, schüttelte Jasmin ihren Kopf.

»Nun, dann können wir uns ja jetzt auf die Suche nach Paddel machen.«

So zogen die beiden ungleichen Tiere los. Jasmin flatterte, dicht am Boden bleibend, voraus. Sie flog mal nach rechts, und mal nach links. Es war gar nicht so einfach, in dem trüben Licht des Regenwaldes etwas zu erkennen. Oskar musste mehrere Umwege machen. Immer wieder versperrte ihm dichtes Pflanzengewirr den Weg.

Zum Glück fanden sie den Tausendfüßler schneller, als sie gedacht hatten.

Unterbrochen von zahlreichen Niesern, schilderte Oskar ihm sein Leid. Paddel erklärte sich sofort bereit, dem Ameisenbären zu helfen. Geschwind krabbelte er in den Rüssel des Geplagten und entfernte die Ameise. Oskar bemühte sich währenddessen krampfhaft, das Niesen zu unterdrücken. Es kitzelte und kribbelte fürchterlich in seiner Nase. Kaum dass der Tausendfüßler wieder heraus gekrabbelt war, prustete der Ameisenbär los. »Hatschi« – »Hatschi« – »Hatschi«! Doch dann war alles gut.

Als Dankeschön für seine Hilfe, überließ Oskar dem Tausendfüßler die Ameise und bedankte sich viele Male. Er war glücklich, dass die elendige Nieserei nun ein Ende hatte.

Fröhlich traten er und Jasmin den Heimweg an. An der Bananenstaude verabschiedeten sie sich voneinander; und Oskar versprach, bald wiederzukommen. Jetzt wollte er sein Versprechen einlösen, und herausfinden, was dem Faultier geschehen war.

Drei Tage später war es so weit. Jasmin war jeden Tag ein paar kleine Runden geflogen, aber immer nur ganz dicht am Boden entlang. Nun sah sie dem Ameisenbären gespannt entgegen.

»Was hast du herausgefunden? Wie geht es dem Faultier?«, überfiel sie ihn sogleich.

Oskar lächelte. »Du kannst ganz beruhigt sein. Das Faultier hat sich bei seinem Sturz zwar bös verletzt, aber sein Freund hat ihn zu einem Heiler gebracht. Nun geht es ihm schon viel besser. Dass er gefallen ist, war nicht deine Schuld. Er war einfach nur unaufmerksam. Es war Zufall, dass du ausgerechnet in dem Moment vorbei flogst, als er den Halt verlor.«

Erleichtert stieß Jasmin einen kleinen Freudenschrei aus und flatterte um den Ameisenbären herum. Wie gut war es doch, dass sie ihm begegnet war. Er hatte ihr mit seinem weisen Rat sehr geholfen. Und sie nahm sich vor, bei ihren zukünftigen Flügen immer genau auf ihre Umgebung zu achten.

Und wenn sie irgendwann einmal wieder vor irgendetwas Angst haben sollte, würde sie sich nicht verkriechen, sondern gegen dieses Gefühl ankämpfen!

Vergnügt vor sich hin summend, schwamm Raiko durch das warme Meer. Das Sonnenlicht brach sich im grünlich schimmernden Wasser und zauberte glitzernde Muster hinein.

Raiko hatte seine Oma besucht. Die alte Dame war eine tolle Frau und er liebte sie sehr. Sie konnte wunderbare Geschichten erzählen. Besonders gut gefielen ihm immer die aus ihrer Jugendzeit. Was hatte seine Oma doch für Blödsinn angestellt! So hatte sie sich zum Beispiel immer heimlich an den Unterseiten der Ausflugsschiffe festgeklammert. Auf diese Weise war sie in unglaublicher Geschwindigkeit durch das Meer gesaust, ohne sich dabei anstrengen zu müssen. Dabei lauschte sie voller Begeisterung den Liedern der Matrosen. Eines davon mochte sie besonders gerne und dies hatte sie heute ihrem Enkel beigebracht. Es lautete eigentlich »Eine Seefahrt die ist lustig, eine Seefahrt die ist schön …«, aber da See*pferdchen* mit See*fahrt* wenig zu tun haben, hatte Raikos Oma das Lied kurzerhand umgedichtet. Nun hieß es: »So ein *Seepferd* das ist lustig …«.

Fröhlich summte er nun das kleine Liedchen vor sich hin und schwamm gemächlich in Richtung der unterseeischen Graswälder, wo sein Zuhause war. Plötzlich erklang eine Stimme neben ihm.

»Hallo Raiko, wie war es bei deiner Oma?«

Der Seepferdchen-Junge blickte sich um. »Hallo, Celia, hast du auf mich gewartet?« Erfreut strahlte er seine Freundin an.

Das kleine Seepferdchen-Mädchen hatte ein zierliches Trompetengesicht und ein niedliches Bäuchlein. Vergnügt zwinkerte es ihm zu. »Natürlich! Ich wusste ja, dass du hier vorbei kommst. Was ist das für eine hübsche Melodie, die du da summst?«

»Das Lied hat mir meine Oma gerade beigebracht. Ich finde es ganz toll. Möchtest du es hören?«

»Ja, gerne!«

Und Raiko sang:

»So ein Seepferd das ist lustig,
ja ein Seepferd das ist schön,
und wenn Seepferdchen schnell schwimmen, kann man Mähnen wehen sehn.
Ahoi, ahoi, schwimme schnell mein kleines Seepferdchen, ahoi!

So ein Seepferd das ist mutig,
ja ein Seepferd das ist schlau,
und wenn´s dann auch noch gut aussieht, kriegt es
auch `ne hübsche Frau.
Ahoi, ahoi, gib gut acht auf dich mein kleines
Seepferdchen, ahoi.«

Celia lachte: »Das ist wirklich ein schönes Lied.«

»Wollen wir noch etwas spazieren schwimmen?«, fragte Raiko.

»Oh ja, und dabei singen wir das neue Lied!«, stimmte Celia freudig zu. »Ich habe mich furchtbar gelangweilt ohne dich.«

Und so glitten sie, mit ineinander verhakten Schwanzspitzen, fröhlich singend und plaudernd durch das Wasser.

»Wohin schwimmen wir eigentlich?«, fragte das Seepferdchen-Mädchen nach einer Weile.

»Zum alten Wrack«, antwortete Raiko.

»Aber dorthin dürfen wir nicht! Es ist doch verboten!«, warf Celia ängstlich ein.

»Ach was!«, winkte Raiko ab. »Ich war schon oft dort! Du brauchst dich nicht zu fürchten. Es gibt unglaublich viel zu sehen und ist ganz ungefährlich!«

Trotz der beruhigenden Worte ihres Freundes, befiel das Seepferdchen-Mädchen ein ungutes Gefühl, als sie ihr Ziel erreichten.

Das vor vielen Jahren gesunkene Schiff war mit Algen und Korallen bedeckt. Es bot einen düsteren Anblick. Leicht zur Seite geneigt, ruhte es auf dem sandigen Grund des Meeres. Der größte Teil, der aus Holz bestanden hatte, war bereits verrottet; und die unterschiedlichsten Meeresbewohner hatten sich die noch vorhandenen Überreste als Wohnstätte gewählt. Celia schauderte es.

»Komm schon«, forderte Raiko seine zögernde Freundin auf. »Vertrau mir!«

Da der Seepferdchen-Junge sich schon ganz gut auskannte, zeigte er seiner Begleiterin die ehemalige Kombüse. Dort lagen noch Töpfe, Pfannen und zerbrochene Teller herum. Auch die Kajüten, wo einst die Matrosen geschlafen hatten, besichtigten sie.

Schließlich wagten sie sich in den Frachtraum. Diesen hatte Raiko zuvor nur flüchtig erkundet. Er befand sich ganz unten im Bauch des Schiffes. Hatten die beiden Seepferdchen im oberen Bereich noch gut etwas erkennen können, so herrschte hier eine unheimliche Finsternis.

Gerade als Celia ihren Freund bitten wollte umzukehren, flammte ein Lichtschein auf. Im gleichen Moment ertönte eine furchterregende, tiefe Stimme: »Ja, wen haben wir denn da? Was wollt ihr Eindringlinge hier in meinem Reich?«

Erschreckt starrten die beiden auf das Licht, das langsam näher kam. Sie erkannten, dass es sich dabei um einen kleinen Leuchtfisch handelte, den ein gewaltiger Krake in einem seiner Fangarme hielt. Bedrohlich baute der sich nun vor den beiden auf. Celia begann zu zittern und Raiko schob sich schützend vor sie.

»Wir wollten uns nur einmal etwas umsehen!«, antwortete er und hoffte, dass das Ungetüm nicht merkte, wie sehr seine Stimme bebte. Dem abenteuerlustigen Seepferdchen war plötzlich doch ziemlich mulmig zu Mute.

»So, so, *umsehen* wolltet ihr euch. Das ich nicht lache!«, donnerte der alte Krake. Seine Augen funkelten böse. »Wer oder was seid ihr überhaupt? Vorne Pferd und hinten Wurm … Ihr könnt nur *Seepferdchen* sein! Eure Sorte kenne ich. Ihr seid die Schlimmsten von allen. Ihr habt es nur auf meinen Schatz abgesehen! Aber den werdet ihr nicht bekommen. Das haben schon ganz andere versucht, und glaubt mir, es ist ihnen nicht gut bekommen!«

»Welcher Schatz denn?«, fragte Raiko ehrlich erstaunt.

»Tu nicht so scheinheilig! Hier, schau dich doch um.« Der Alte schwenkte das Licht herum.

Nun sahen auch die beiden Seepferdchen, dass der gesamte Boden mit Goldbarren, Münzen und Schmuck bedeckt war. Überrascht starrte Raiko auf den Schatz.

»Davon haben wir nichts gewusst«, beteuerte er. »Du kannst ihn behalten, wir wollen ihn ja gar nicht. Und jetzt lass uns vorbei, damit wir nach Hause können.«

»Das könnte euch so passen!« Feindselig schlenkerte der Krake mit seinen Armen. »Ihr werdet schön hier bleiben.«

Celia begann zu schluchzen.

»Lass meine Freundin gehen!«, forderte Raiko mit fester Stimme. »Dann bleibe ich bei dir.«

Plötzlich begann das Licht des Leuchtfisches schwächer zu werden. Der Krake fluchte.

»Nein, du Held! Wir machen es genau umgekehrt: Die Kleine bleibt bei mir, und du … du wirst mir neue Leuchtfische besorgen. Erst dann lasse ich euch *vielleicht* gehen.«

Verzweifelt schaute Raiko seine Freundin an. Celia erwiderte seinen Blick, doch sie nickte ihm tapfer zu. »Komm bald zurück!«, bat sie leise.

»Ich werde mich beeilen«, versprach er und sauste los.

Obwohl Seepferdchen gewöhnlich nur ganz langsam und aufrecht schwimmen, können sie sich bei Gefahr auch sehr schnell und in langgestreckter Haltung fortbewegen. Für Raiko war nun so ein Notfall eingetreten. Wie der Blitz sauste er durch das Wasser, so dass seine lange Mähne wie ein Schleier hinter ihm her wehte.

Er hatte keine Ahnung, wo er Leuchtfische finden konnte. So machte er sich schnurstracks auf den Weg zu seiner Oma. Wenn ihm jemand helfen konnte, dann sie!

Völlig außer Atem erreichte er bereits kurze Zeit später den Felsen, auf dem sie wohnte. Zum Glück war sie Daheim.

»Oma! Du musst mir helfen. Celia ist in Gefahr!«, sprudelte er hervor; und schnell berichtete er ihr, was vorgefallen war.

Nachdenklich zog die alte Seepferdchen-Dame ihre Nase kraus. »Ja, ich weiß, wo es Leuchtfische gibt. Aber auch wenn du sie dem Kraken bringst, wird er euch nicht gehen lassen. Ich kenne ihn! Aber mach dir keine Sorgen«, fügte sie hinzu, als sie das entsetzte Gesicht ihres Enkels sah. »Ich werde mir etwas einfallen lassen. Wir werden den Kraken überlisten und deine Freundin befreien!«

Während Raiko und seine Oma einen Plan ausheckten, summte Celia ununterbrochen das Lied, welches ihr Freund ihr auf dem Weg hierher beigebracht hatte. Die fröhliche Weise beruhigte sie und machte ihr Mut.

Das Licht des Leuchtfisches wurde immer schwächer. Mittlerweile war nur noch ein kleines Glimmen zu sehen. Doch das war gar nicht so schlimm. Celia beherrschte nämlich die Fähigkeit, die Farbe ihres Körpers sehr schnell ihrer Umgebung anzupassen. So hatte sich ihr vormals hübsches Grün derweil in ein dunkles Grau verwandelt. Dadurch war sie fast unsichtbar.

»Kannst du nicht endlich mit diesem blödsinnigen Lied aufhören?«, schnauzte der Krake das Seepferdchen-Mädchen an. »Wo hast du dich überhaupt versteckt?«

In dem immer düsterer werdenden Schiffsbauch konnte er seine Gefangene nicht mehr sehen.

Da kam Celia eine Idee!

Wieder und immer wieder sang sie »So ein Seepferd das ist lustig …«. Dabei schwamm sie kreuz und quer durch den Raum. Das verwirrte den alten Kraken erst recht. Er wurde immer mürrischer, weil der Gesang nun von überall gleichzeitig zu kommen schien. Er tobte und drehte sich gereizt hin und her, konnte Celia jedoch nicht erwischen.

Dummerweise versperrte er trotz allem mit seinem gewaltigen Körper den Ausgang. Sodass Celia nicht an ihm vorbei kam.

Das Licht des Leuchtfisches war seit geraumer Zeit endgültig erloschen. Plötzlich vernahm das Seepferdchen-Mädchen ein leises Plätschern. Im nächsten Augenblick wurde der Raum in strahlende Helligkeit getaucht. Geblendet schlug der böse Krake seine Fangarme über die Augen. So konnte er nicht sehen, wie all das Gold und die Edelsteine in dem gleißenden Licht funkelten und glitzerten. Stattdessen schrie er gepeinigt auf und begann wie verrückt herum zu zappeln.

Raiko war durch ein kaum sichtbares Schlupfloch in den Raum eingedrungen. In seiner Begleitung befand sich ein Schwarm Leuchtfische, denen unzählige Seeigel folgten. Diese stürzten sich nun auf den Kraken. Sie krallten sich an ihm fest und begannen ihn mit ihren Stacheln zu pieken. Der Alte quiekte und wand sich. Aber die Seeigel ließen sich nicht abschütteln. Wild schlenkerte der Bösewicht mit seinen langen Fangarmen und im Nu hatte er sich heillos in ihnen verhedderte. Wie ein verschnürtes Paket blieb er letztendlich reglos liegen. Die Seeigel hatten ihren Spaß und hüpften noch eine Weile weiter auf ihm herum.

Raiko schwamm sofort zu seiner Freundin. Fürsorglich schlang er seinen Schwanz um sie.

»Ich wusste, dass du wiederkommst!«, krächzte Celia erleichtert.

»Was ist mit deiner Stimme passiert?«, fragte der Seepferdchen-Junge besorgt.

Da berichtete Celia, dass sie die ganze Zeit das Lied gesungen hatte. So lange, bis sie heiser wurde.

Nachdem die beiden das Wrack verlassen hatten, kümmerte sich Raikos Oma liebevoll um das Seepferdchen-Mädchen. Zum Glück kannte die alte Dame sich in der Heilkunde aus. Sie bereitete einen Brei aus Algenpaste und legte diese dem Mädchen um den Hals.

Vier Wochen später hielten Raiko und Celia Hochzeit.

Das Seepferdchen-Mädchen hatte sich für den heutigen Tag weiße Seeanemonen in ihre lange, glänzende Mähne gebunden und sah einfach zauberhaft aus.

Als Geschenk überreichte der stolze Bräutigam seiner Frau eine wunderschöne Kette. Die hatte er aus dem Wrack mitgenommen. Zur Erinnerung an ein gefährliches Abenteuer, das zum Glück gut ausgegangen war. Aber auch zur Ermahnung daran, dass kein Abenteuer und kein Schatz der Welt es wert war, die eigene Gesundheit, und die von anderen, aufs Spiel zu setzen!

Kuno hockte auf einem der Äste seines Baumes und lauschte traurig dem fröhlichen Gelächter, das aus dem benachbarten Geiernest klang. Sehnsüchtig schielte er hinüber.

Heute war Lillys Geburtstag. Er mochte das hübsche Geiermädchen sehr. Mit ihrem glänzenden, grau-weißem Gefieder sah sie einfach bezaubernd aus; und wie anmutig sie fliegen konnte! Kuno seufzte. Wie gerne wäre er einmal mit ihr gemeinsam ein paar Runden geflogen. Das Dumme war nur, dass Lilly nichts von ihm wissen wollte.

Trotzdem hatte er, Kuno, bereits früh am Morgen Lillys Lieblingsblumen gepflückt. Mit diesen im Schnabel war er zu ihr geflogen, um ihr zu gratulieren. Doch sie hatte weder ihn, noch sein Geschenk kaum beachtet. Verächtlich hatte sie ihn angesehen: »Was willst du von mir?«, hatte sie ihn gefragt. »Deine blöden Blumen kannst du behalten. Außerdem habe ich dich nicht eingeladen. Ich feiere lieber mit meinen *gutaussehenden* Freunden!«

Ihre Worte hatten Kuno tief verletzt. Er wollte doch auch dazugehören und mal mit jemandem spielen. Warum nur wollte keiner seiner Artgenossen etwas mit ihm zu tun haben? Lag es denn tatsächlich daran, dass er nicht ganz so gut aussah, wie die anderen?

Sicher, mit seinem federlosen, leicht nach vorne gebeugten Hals und dem fast kahlen Kopf, auf dem nur ein einziges Federbüschelchen prangte, war er nicht gerade eine Schönheit. Aber dafür war seine weiße Halskrause besonders flauschig. Und er war klug! Viel schlauer als die anderen Geierjungen! Mieden sie ihn nun deswegen, oder … weil er kein Fleisch mochte? Natürlich hatte er es probiert, aber er fand, dass es unangenehm roch und der Geschmack … brrr! Kuno schüttelte sich. Da lobte er sich die leckeren Früchte des Affenbrotbaumes und die zarten Maiskolben vom Feld des Farmers.

Kuno seufzte noch einmal und drehte dann dem Nachbarnest den Rücken zu. Er überlegte, ob er für eine Weile in die Berge fliegen sollte. Vielleicht waren die dort lebenden Geier ja netter zu ihm? Aber andererseits liebte er sein Nest in der Schirmakazie. Das Gewächs trug diesen Namen, weil es aussah wie ein aufgespannter Regenschirm. Nur war es etwas flacher, und wenn es regnet, konnte der kleine Geier unter den Zweigen Schutz finden.

Er ließ seinen Blick über die weite Graslandschaft schweifen. In der Ferne zog friedlich eine

Herde Zebras vorüber, und ganz in seiner Nähe zupfte eine Giraffe Blätter von den Zweigen eines hohen Baumes. Nein, er würde bleiben!

Der Anblick eines vorübereilenden Vogelstraußes riss ihn aus seinen Gedanken. Interessiert betrachtete er den großen Vogel. Schon lange grübelte er darüber nach, ob er und seine Artgenossen mit den Straußenvögeln verwandt sein könnten. Auch diese hatten nämlich lange, gebogene Hälse und sogar das Federkleid war ähnlich. Freilich, sie waren viel größer und die Beine der Strauße waren länger, aber trotzdem! Ob er diesen dort einfach mal fragen sollte?

Ohne lange zu überlegen, breitete Kuno seine Schwingen aus und flog hinter dem großen Vogel her. Puh, der war ganz schön schnell. Bereits nach kurzer Zeit hatte er ihn jedoch eingeholt. Schwungvoll landete er wenige Meter vor ihm.

»Huch!«, erstaunt stoppte der Strauß seinen raschen Lauf. »Was soll das, du grässlicher Vogel? Was willst du von mir? Wage es ja nicht, mich anzuknabbern!«, drohte er dem kleinen Geier.

»Keine Sorge, ich tu dir nichts«, beteuerte Kuno. »Ich möchte dich nur etwas fragen.«

Misstrauisch blickte der große Vogel auf den Kleinen herab. »Was willst du mich denn fragen?«

»Ich möchte zu gerne wissen, ob wir Geier mit euch Straußenvögeln verwandt sind!«

»Wie kommst du denn darauf?«, lachte der Strauß.

»Nun«, antwortete Kuno, »ihr habt so ähnlich geschwungene Hälse wie wir und euer Gefieder hat fast den gleichen Farbton wie das unsere!«

Verwundert schaute der Strauß Kuno an. »Das ist purer Zufall. Natürlich stammt ihr Geier *nicht* von uns ab!«, und kopfschüttelnd fügte er hinzu: »Sag mal, hast du keine Freunde mit denen du spielen kannst? Dann kommst du wenigstens nicht auf solch dumme Gedanken.«

»Nein, ich habe keine Freunde«, erklärte Kuno bedrückt.

»Warum denn nicht?«, langsam wurde der große Vogel neugierig.

Da erzählte ihm der kleine Geier seine Geschichte.

»Mach dir nichts daraus«, tröstete der Strauß ihn. »Überall in der Tier- und Menschenwelt gibt es Lebewesen, die »anders« sind als ihre Artgenossen. Zu denen gehörst auch *du*. Sei stolz darauf! Und was das Geiermädchen angeht: Hab Geduld.

Eines Tages wird sie merken, was du für ein feiner Kerl bist. Jetzt muss ich aber weiter. Alles Gute!«

Nachdenklich blickte Kuno dem davoneilenden Vogel nach. Ob er Recht behalten würde?

Zwei Mal am Tag verließ Kuno sein Nest. Er flog in der Umgebung herum oder besorgte sich ein paar Früchte. Zu diesen Ausflügen band er sich immer sein schönes rotes Halstuch um. Das hatte er der Vogelscheuche stibitzt, die der Farmer auf seinem Mais-Feld aufgestellt hatte, um diebische Vögel abzuschrecken. Kuno hatte festgestellt, dass sich sein Obst in dem Tuch ganz hervorragend befördern ließ.

Gerade als er zu seinem heutigen Flug aufbrechen wollte, kamen der schöne Geier Sigismund und dessen Freund Ottokar vorbei, aber nur, um ihn zu ärgern.

»Na, heute schon Gemüse gefuttert? Dass du dich nicht schämst. Ein richtiger Geier verzichtet nicht auf Fleisch!«, stichelte Ottokar.

»Du mit deinem albernen Halstuch! Weißt du eigentlich, *wie* blöd das aussieht?«, lästerte Sigismund. »Sollen wir dir mal einen Termin bei unserem Friseur besorgen? Vielleicht kann *der* ja aus deinen nicht vorhandenen Haupthaaren eine Frisur zaubern!« Angeberisch strich Sigismund sich nach solchen Worten mit einem Flügel über seine üppige Haarpracht.

Kuno war jedes Mal erleichtert, wenn sie wieder davonflogen. Der kleine Geier ärgerte sich zwar über die gehässigen Worte, sagte aber nichts dazu. In seinen Augen waren die beiden nur dumm.

Und dann, eines Tages, geschah es:

Der kleine Geier befand sich gerade auf einem seiner Rundflüge, als er Lilly sah. Natürlich waren auch Sigismund und Ottokar bei ihr. Gemeinsam verzehrten sie einen riesigen Fleischbrocken. Sie waren so in ihre Mahlzeit vertieft, dass sie die herannahende Gefahr nicht bemerkten: Eine gewaltige Feuerwand fraß sich in Windeseile über die trockene Ebene. Dabei hielt sie geradewegs auf die drei am Boden hockenden Geier zu!

Brände waren bei der hier herrschenden Trockenheit keine Seltenheit. Die Tiere waren es gewohnt und brachten sich in so einem Fall schnell in Sicherheit. So sah Kuno, wie Antilopen, Gnus, Zebras und Giraffen vor den Flammen flüchteten. Sogar die rosafarbenen Flamingos, die sich am Ufer des kleinen Sees aufgehalten hatten, schwangen sich in die Lüfte. Nur Lilly und ihre Freunde rührten sich nicht.

Kurzentschlossen flog der kleine Geier zu ihnen hinunter und rief: »Macht dass ihr von hier fortkommt! Seht ihr denn nicht das Feuer? Es hält direkt auf euch zu!«

Erschrocken blickten die drei zu ihm auf und drehten verwundert ihre Köpfe in die Richtung, aus der die Gefahr drohte. Die Sonne war hinter dunklen Wolken verschwunden und die Luft wurde heiß und stickig.

Sigismund und Ottokar bekamen einen großen Schreck. Aufgeregt trippelten sie hin und her. Fieberhaft überlegten sie, in welche Richtung sie fliehen sollten. Gleichzeitig begannen sie mit ihren Flügeln zu schlagen und stießen sich vom Boden ab. Sie hatten nur noch den einen Gedanken: Bloß schnell weg! Den Schrei, den Lilly ausstieß, hörten sie nicht mehr. Sigismund hatte bei seinem überstürzten Start nicht bemerkt, dass er das Geiermädchen mit seinen scharfen Krallen schlimm verletzt hatte!

Sofort eilte Kuno zu ihr hin. Sie blutete stark aus einer Wunde an der Schulter. Und der linke Flügel hing kraftlos herab.

»Bleib ganz ruhig, Lilly«, tröstete er sie. »Wir werden es schaffen rechtzeitig von hier fort zu kommen!«

»Bitte bleib *du* wenigstens bei mir«, schluchzte die Verletzte. »Ich hab solche Angst!«

»Ich werde dir helfen«, versicherte Kuno. Mit seinem spitzen Schnabel kratzte er rasch etwas Moos aus der Erde. Dies legte er behutsam auf die Wunde.

»Das kühlt etwas und stoppt die Blutung«, erklärte er ihr. Mit langen Grashalmen band er das Moos fest.

»Tut mir leid, wenn es zu fest sein sollte«, entschuldigte sich der Geierjunge. »Aber es muss ja auch halten.«

»Ist schon gut!« Lilly bemühte sich, tapfer zu sein.

»Kannst du deine Flügel bewegen?«, erkundigte Kuno sich.

»Nein, es tut so weh!«, weinte Lilly. »Wie kommen wir denn jetzt von hier weg, wenn ich nicht fliegen kann?«

Kuno lächelte beruhigend. »Mach dir keine Sorgen.«

Mit seinem Schnabel löste er das große Tuch von seinem Hals. Dann breitete er es auf dem Boden aus und bat Lilly sich darauf zu setzen.

Obwohl sie keine Ahnung hatte, was Kuno vorhatte, tat sie, was er ihr sagte. Kaum, hatte das Geiermädchen sich auf das Tuch gesetzt, schnappte der kleine Geier sich die gegenüberliegenden Enden und verknotete sie über ihrem Rücken.

»Es kann jetzt ein bisschen unangenehm für dich werden, aber vertrau mir, bitte!«

Noch während Lilly überlegte, was das alles sollte, breitete Kuno seine Schwingen aus. Mit den Krallen griff er die verknoteten Enden des Tuches und erhob sich in die Luft. Lilly schrie ängstlich auf, doch darauf konnte Kuno nun keine Rücksicht nehmen. Es wurde höchste Zeit dass sie von hier fortkamen. Das Feuer war schon sehr dicht herangekommen und der Qualm brannte in Kunos Augen.

Mit kräftigem, gleichmäßigem Flügelschlag steuerte er auf den nahegelegenen See zu. In dessen Mitte befand sich eine winzige Insel, dorthin wollte er mit der Verletzten.

Es war zwar nicht allzu weit, aber bald schon merkte er, dass seine Kräfte schwanden. »Du *musst* es schaffen! Schließlich ist es *Lilly*, die du transportierst! Streng dich gefälligst an!«, redete er sich selbst gut zu.

Und der kleine Geier schaffte es!

Völlig erschöpft erreichte er die kleine Insel, wo er seine Last vorsichtig ins Gras gleiten ließ.

Glücklich strahlte Lilly ihren Retter an.

»Kuno, das war einfach großartig! Nur weil du genau wusstest, was zu tun ist und weil du dein Tuch dabei hattest, bin ich noch am Leben. Ich kann dir gar nicht genug danken!«

»War doch selbstverständlich!«, erwiderte Kuno verlegen.

»Nein, das war es nicht! Kein anderer hätte das für mich getan. Ich schäme mich dafür, dass ich dich immer so gemein behandelt habe. Bitte verzeih mir.«

Und natürlich verzieh der kleine Geier seiner Lilly. Sie hatte begriffen, dass es nicht auf Äußerlichkeiten, sondern auf die inneren Werte ankam. Mit Sigismund und Ottokar wollte das Geiermädchen nichts mehr zu tun haben. Was nützten ihr gutaussehende Freunde, wenn diese sie in der Not im Stich ließen?

Stattdessen waren Lilly und Kuno von nun an unzertrennlich. Sie gründeten eine Familie und lebten viele Jahre glücklich in der Baumkrone der Schirmakazie.

Und: Aus jedem dritten Ei, das sie gemeinsam ausbrüteten, schlüpfte ein Geier-Kind, das sehr klug war und … kein Fleisch mochte!

Geschafft! Mit einem zufriedenen Lächeln begutachtete Gisela ihr neustes Werk.

Die kleine Ziege liebte es zu handarbeiten. Soeben hatte sie wieder eine Decke fertig gestellt. In den vergangenen Wochen und Monaten hatte sie von morgens bis abends an ihrem Webstuhl gesessen. Doch nun war ihr die Wolle ausgegangen. Das war ärgerlich, denn sie hätte zu gerne noch etwas Neues ausprobiert.

Gisela war keine »normale« Vertreterin ihrer Art. Von ihrem ungewöhnlichen Zeitvertreib einmal abgesehen, war sie stolz darauf eine *Angora*ziege zu sein. Mit ihrem langen, seidigen Fell war sie sogar eine richtige kleine Schönheit. Doch zu ihrem großen Missfallen wurden ihr die herrlichen, schneeweißen Haare zwei Mal im Jahr abgeschnitten. Bald war die Zeit um und der grässliche Mann mit der großen Schere würde wiederkommen.

Beim letzten Mal als sie ihres prachtvollen Felles beraubt wurde, hatte Gisela ganz erbärmlich gefroren. Nur weil sie sich tief ins warme Heu eingekuschelt hatte, hatte sie die Zeit überstanden bis ihre Haare wieder nachgewachsen waren. So etwas sollte ihr nie wieder passieren. Aus diesem

Grund hatte sie zahlreiche Decken gewebt. In die konnte sie sich im Notfall einwickeln.

»Erwartest du eine Eiszeit oder kommt der Schaf- und Ziegenscherer wieder vorbei, um dich nackig zu machen?«, ertönte plötzlich die gehässige Stimme von Agathe. Die streitlustige Gans war unbemerkt herangewatschelt, dicht gefolgt von ihrer Freundin, der Kuh Berta.

»Du bist ja nur neidisch«, entgegnete die Ziege. »Warte nur ab. Eines Tages wirst auch du mal bitterlich frieren. Dann wirst du mich fragen, ob ich dir etwas Warmes zum Anziehen geben kann.«

»Ha! Darauf kannst du lange warten!«, antwortete die Gans schnippisch. »In deinen doofen Decken fühlen sich doch höchstens die Flöhe wohl. Darauf kann ich gut verzichten!«

Berta kicherte albern: »Glaub mir, Ziege, bevor wir *dich* um Hilfe bitten, muss schon etwas ganz Außergewöhnliches passieren! Du mit deinen albernen Decken! Phh … einfach lächerlich!« Mit einem verächtlichem »Muuuh« drehte die Kuh Gisela ihr breites Hinterteil zu.

Dass sich einige der Tiere auf dem Bauernhof über sie lustig machten, wusste die kleine Ziege. Solche und ähnliche Hänseleien kannte sie bereits zur Genüge. Doch es war ihr egal.

Die einzigen Freunde die Giesela hier hatte, waren Hans der Stallhase und Fips der Hofhund. Weswegen der bildschöne Collie diesen albernen Namen hatte, wusste Gisela nicht Aber andererseits: Welche Ziege hieß auch schon *Gisela*?

»Na, haben dich Agathe und Berta wieder geärgert?«, fragte Fips schmunzelnd, als er seine Freundin auf sich zukommen sah.

»Ach, ich sag mir immer, dass sie nichts dafür können«, grinste die Ziege. »Sag mal, Fips, darf ich dich um einen Gefallen bitten?«

»Natürlich, um was geht es denn?«

»Ja, also …«, begann Gisela zögernd, »… könntest du mir etwas von deinem schönen Fell abgeben?«

Der dreifarbige Collie lachte: »Natürlich! Nimm dir so viel du möchtest. Ist dir die Wolle ausgegangen?«

»Ehrlich gesagt, ja. Die Bäuerin hat mir bereits beim letzten Mal gesagt, dass sie für meinen *unnützen* Zeitvertreib kein Geld mehr ausgibt. Ich möchte aber so gerne noch etwas ausprobieren. Ich hab schon ein paar Haare aus der Mähne und dem Schweif des Ponys. Die sind zwar schön lang, aber leider etwas borstig. Auch Hans hat mir schon etwas von seinem kuscheligen Bauchfell überlassen, nur ist es halt nicht genug!«, erklärte Gisela ihrem Freund.

»Na, dann bediene dich«, forderte er sie auf.

Strahlend stürzte sich die kleine Ziege mit ihrer Schere auf das dichte, lange Fell des Hundes. Behutsam schnitt sie Strähne für Strähne ab. Der Beutel, den Gisela dabei hatte, füllte sich rasch. Erst als kein Härchen mehr hinein passte, legte sie ihre Schere weg. Au weh! Schuldbewusst schaute sie ihren Freund an.

»Tut mir leid, Fips. Ich glaube, ich hab mehr als nur *ein paar* Strähnen erwischt«, murmelte sie kleinlaut.

Gutmütig lächelnd schaute der Collie an sich herunter … und erstarrte. »Ups! Das war tatsächlich etwas zu viel«, bemerkte er vorwurfsvoll.

»Sie wachsen bestimmt ganz schnell wieder nach«, entschuldigte Gisela sich zerknirscht.

Ausgerechnet in diesem Moment kamen Agathe und Berta über den Hof geschlendert.

»Wie siehst du denn aus?« Erstaunt musterte die Gans den Collie. »Wenn du ein Vogel wärst, würde ich sagen, du bist in der Mauser!«, schnatterte sie albern. »Hat die durchgeknallte Ziege dir das angetan? Schöne Freunde hast du!«, lästerte sie weiter.

»Ja, ja«, seufzte die Kuh scheinheilig: »Wie schnell doch wahre Schönheit vergehen kann! *Ich* würde mich ja schämen, wenn ich *so* herumlaufen müsste!«

Hämisch kichernd trotteten die beiden weiter.

»Nun wissen gleich alle Tiere hier auf dem Hof, was du mit mir gemacht hast«, stöhnte Fips. »Ich sehe wirklich grauenvoll aus. Richtig zerfleddert«, betrübt schaute er seine Freundin an.

Gisela sprang auf: »Ich hab eine Idee! Bin gleich zurück!« Fröhlich meckernd sprang sie davon.

Als sie wenig später wieder auftauchte, trug sie einen leeren Beutel bei sich. Augenzwinkernd drückte sie dem Hund ihre Schere in die Pfote. »So, Fips, jetzt bist du dran! Ich möchte auch gern so eine moderne Kurzfell-Frisur haben!«

Das ließ Fips sich nicht zweimal sagen. Lachend schnitt er nun seiner Freundin das herrlich seidene Fell ab. »Was hast du eigentlich vor?«, fragte er.

»Lass dich überraschen«, tat die Ziege geheimnisvoll; und kaum hatte der Colli ihr die Schere zurückgegeben, da eilte sie auch schon in den Stall zurück.

Nun begann die eigentliche Arbeit für sie.

In der vergangenen Woche hatte Gisela die Bäuerin heimlich beobachtet. Die saß in der Wohnstube und hatte flink zwei lange, dünne Stäbe auf und ab bewegte. Um die Stäbe war Wolle gewickelt und rasch entstand ein Strumpf. Begeistert schaute Gisela ihr eine Weile zu. Dabei erfuhr sie, dass es sich bei dieser Kunst ums *Stricken* handelte. Das wollte sie nun auch versuchen.

Doch zuerst musste sie die Fellhaare zu einem langen Faden spinnen. Gut, dass sie das alte Spinnrad in der Ecke der Scheune gefunden hatte. Wie man damit umging wusste sie und so machte sie sich gleich ans Werk.

Auf einem Schemel sitzend, trat Gisela mit den Hinterbeinen auf das Pedal. So setzte sie das Spinnrad in Bewegung. Mit den Vorderhufen bediente sie Spindel und Spule. Letztere drehte sich in rasender Geschwindigkeit. Und wie von Zauberhand entstand im Nu ein Faden. Diesen brauchte sie jetzt nur noch zu einem Knäul aufzuwickeln. Alles ging so schnell, dass die kleine Ziege noch in der gleichen Nacht mit dem Stricken beginnen konnte. Von nun an klapperten die Stricknadeln Tag und Nacht.

Die kleine Angoraziege hatte es eilig. Denn: In der letzten Vollmondnacht hatte sie etwas Seltsames geträumt. Gisela hatte schon oft Träume gehabt, die sich kurze Zeit später erfüllten. Wenn es dieses Mal auch wieder so war, … oh weh!

Am nächsten Tag jedoch gab es erst einmal Ärger. Als die Bäuerin nämlich Fips und Gisela so kahlgeschoren sah, schrie sie entsetzt auf. Sie schimpfte und tobte und machte ein fürchterliches Theater. Doch was geschehen war, war geschehen. Daran ließ sich nun nichts mehr ändern und schließlich beruhigte die Frau sich wieder. Letztendlich würde das Fell ja wieder wachsen.

Gisela hatte gerade das letzte Stückchen des Fellgarns verstrickt, da geschah es:

Dunkle Wolken zogen in Windeseile am Himmel heran. Obwohl es erst Mittag war, herrschte plötzlich stockfinstere Nacht und ein gewaltiges Gewitter tobte über dem Land. Die Blitze tauchten den Bauernhof in unheimliches Licht und die Donnerschläge ließen Haus und Scheune erzittern. Die Fensterläden klapperten im Sturmwind und die ersten Dachziegel sausten zu Boden, wo sie scheppernd zerbrachen.

Der Bauer hatte alle Hände voll zu tun, die Tiere schnell genug in den sicheren Stall zu treiben. Alle krähten, gackerten, muhten, grunzten, wieherten und maunzten durcheinander. So einen Sturm hatte noch keiner von ihnen erlebt. Doch es sollte noch schlimmer kommen!

Gegen Abend kühlte es so stark ab, dass es zu schneien begann. Und das mitten im Oktober! Ein eisiger Wind blies die Schnee- und Eisflocken durch die Ritzen der Scheune und es wurde bitterkalt darin. Die Tiere drängten sich zitternd aneinander, um sich gegenseitig zu wärmen.

Gisela hatte sich mit ihren Freunden, Hans und Fips, unter ihre Lieblingsdecke gekuschelt. Der kleinen Ziege war es unheimlich. Hatte sie dies alles doch bereits in ihrem Traum erlebt.

Es dauerte nicht lange, da kamen die ersten Tiere zu ihr herüber. Mit vor Kälte klappernden Zähnen und Schnäbeln baten sie Gisela:

»Hast du vielleicht etwas Warmes anzuziehen oder eine deiner kuscheligen Decken für uns?«

Bereitwillig versorgte die kleine Ziege die Frierenden mit ihren gehandarbeiteten Sachen. So bekam Familie Ferkel Nasen- und Ringelschwanzwärmer, Frau Schwan und ihr Ehemann leuchtend bunte Schals und für Putzi, die Katze, hatte Gisela kleine, mollige Stiefelchen angefertigt.

Bald waren alle Tiere versorgt. Doch zwei Teile waren noch übrig. Die waren für Agathe und Berta bestimmt. Diese hatten sich allerdings noch nicht getraut, Gisela um etwas Warmes zu bitten. Schließlich waren sie nicht besonders nett zu der kleinen Ziege gewesen. Nun plagte sie das schlechte Gewissen. Als sie es vor Kälte gar nicht mehr aushielten, kamen sie kleinlaut angeschlichen.

»Wir möchten uns bei dir entschuldigen«, begann Agathe leise. »Weil wir immer so garstig zu dir waren.«

»Es tut uns wirklich leid«, bekräftigte Berta. »Hast du für uns vielleicht auch noch etwas Kuscheliges gegen die Kälte?«

»Aber natürlich!« Mit einem freundlichen Lächeln reichte Gisela den beiden die für sie hergestellten Teile. Artig bedankte die zwei sich.

Die Gans erhielt buntgeringelte Socken, die ganz genau über ihre breiten Paddelfüße passten und einen Schnabelwärmer.

Berta aber stand etwas ratlos vor ihrem Geschenk. Es sah aus wie eine große, runde Mütze mit »Fingern«. Zuerst wusste sie gar nichts damit anzufangen. Doch dann leuchteten ihre Augen plötzlich auf. Sie hatte erkannt, dass es sich dabei um einen wunderschönen, knallgrünen Euter-Wärmer handelte!

Als der Bauer und seine Frau am folgenden Tag die Scheune betraten, bekamen sie große Augen. Was war denn hier passiert? Wo hatten denn alle die warmen Sachen her? Da flatterte Agathe auf die beiden zu. »Schaut nur!«, schnatterte sie. »Das haben wir von Gisela bekommen! Ist das nicht großartig?«

Lächelnd gingen die Bauersleute auf die Angoraziege zu.

»Das hast du wirklich prima gemacht«, lobten sie diese. »Ohne deine tollen, wärmenden Decken und Kleidungsstücke, hätten sich bestimmt alle erkältet.«

»Jetzt weiß ich auch, wofür du das Fell von Fips und dein eigenes gebraucht hast«, erkannte die Bäuerin und fügte hinzu: »Von nun an sollst du immer so viel Wolle bekommen, wie du willst!«

Die Bäuerin hielt ihr Versprechen. Gisela strickte, häkelte und webte noch viele Jahre lang und keines der Tiere machte sich mehr lustig über sie.

Eddys Traum vom Fliegen

Stürmisch blies der Herbstwind über das Land und jagte dunkle Wolken vor sich her. Das kleine Erdmännchen stand am Rande seines Erdlochs und beobachtete aufmerksam die Umgebung. Einer von ihnen musste immer Wache halten. Das war eine sehr wichtige Aufgabe; denn wenn Gefahr drohte, mussten die Artgenossen durch laute Pfiffe gewarnt werden. So konnten sich alle schnell in Sicherheit bringen. Heute hatte sich Eddy freiwillig für diese Aufgabe gemeldet. Während die anderen sich in ihren geschützten, unterirdischen Höhlen verborgen hielten, genoss Eddy den rauen Wind. Das Erdmännchen liebte es, so durchgepustet zu werden. Begeistert sah es zu, was alles so durch die Luft gewirbelt wurde.

Wenn sich das Wetter beruhigt hatte, würde er auf die Suche gehen. Bestimmt fand er dann wieder irgendetwas Brauchbares.

Das kleine Erdmännchen war ein eifriger Sammler und Bastler und nach solchen Stürmen hatte es schon die aufregendsten Dinge gefunden. So lagerten in seiner Wohnung bereits bunte Federn und Kokosnussschalen. Ein alter Gummischlauch war auch dabei. Ja sogar ein kaputter Autospiegel und noch vieles mehr. Immer wenn einer seiner

Artgenossen etwas brauchte, hieß es nur: »Ich frag Eddy, der hat es bestimmt!« Aber noch musste das Erdmännchen Wache halten.

Hoch am Himmel zog ein Adler seine Bahn und sein heiserer Schrei drang zu Eddy herab. Sehnsüchtig schaute dieser zu dem Vogel empor und seufzte. Ach ja, fliegen müsste man können! Wie die Welt wohl von oben aussehen mochte?

»Hallo, Eddy! Träumst du wieder vor dich hin?« Unbemerkt hatte sich sein Freund Sammy heran geschlichen. Eddy fühlte sich ertappt.

»Na ja, ein bisschen!«, gab er zu. »Schau mal! Ist es nicht unglaublich, dass sich der Adler bei diesem Wind dort oben in der Luft halten kann und nicht herunter fällt?«

»Mir ist die sichere Erde lieber«, brummte Sammy.

Eddy löste seinen Blick von dem Vogel und schaute seinen Freund an. »Der Sturm wird bestimmt wieder eine Menge toller Dinge heran wehen. Kommst du nachher mit, wenn ich auf »Schatzsuche« gehe?«, fragte er.

»Das lasse ich mir doch nicht entgehen!«, antwortete Sammy grinsend. »Wer weiß, was du wieder alles findest.«

Zwei Stunden später war es soweit und die beiden Freunde zogen los. Der Wind pfiff immer noch kräftig und es dauerte nicht lange, bis Eddy sein erstes Beutestück fand: Einen alten Schirm.

»Was willst du denn damit?«, fragte Sammy verständnislos.

Eddy lachte. »Das wirst du gleich sehen!«

Vergnügt rannte er mit seiner Beute den nächsten Hügel hinauf. Oben angekommen spannte er den Schirm auf und klammerte sich an dem Griff fest. Eine Windböe erfasste das Erdmännchen und schon segelte es durch die Lüfte! Ach, war das herrlich! Genauso hatte Eddy es sich vorgestellt. Allerdings währte das Vergnügen nicht lange. Der Schirm war bereits ganz schön zerfleddert, sodass er dem starken Wind nicht lange standhielt. Die vorhandenen Risse erweiterten sich und das Erdmännchen stürzte ziemlich unsanft zu Boden.

»Autsch!« Zerknirscht fasste es sich an seine blutende Nase.

Sammy lachte schadenfroh. »Das geschieht dir recht. Das war wirklich eine dumme Idee von dir!«

»Es hätte aber auch klappen können«, erwiderte Eddy trotzig.

»Du bist ein *Erd*männchen und kein *Flug*männchen!«, erinnerte sein Freund ihn. »Als du dir vor ein paar Wochen deine Federflügel gebastelt und damit eine Bruchlandung erlebt hast, dachte ich, dass du diesen irrwitzigen Gedanken endlich aufgegeben hättest. Anscheinend ist dem aber wohl nicht so.«

»Irgendwann *werde* ich fliegen, warte es nur ab!« So schnell gab Eddy nicht auf. Die wenigen Augenblicke, die er durch die Luft geschwebt war, hatten ihn in seinem Wunsch nur wieder einmal bestärkt. Er wollte die Welt endlich einmal von oben sehen! Sicher, Sammy hatte nicht ganz unrecht. Bei seinem letzten Sturz hatte er sich bös an seiner Schwanzspitze verletzt. Diese war nicht richtig verheilt und hatte nun einen Knick. Trotzdem würde er es weiter versuchen!

Unverdrossen setzten die beiden ihre Schatzsuche fort.

Sammy fand eine kleine Holzkiste und ein buntgemustertes Tuch. Eddy war ein bisschen neidisch. Das Tuch hätte *er* zu gerne gefunden. Seine Ausbeute waren ein stabiler Weidenkorb und ein großer Plastiksack. Naja, auch nicht schlecht. Mal sehen, wozu er die Sachen gebrauchen konnte.

Zwei Tage später hatte Eddy endlich eine Idee, was er mit seinen Fundsachen anstellen konnte. Plötzlich wurde er ganz aufgeregt. Wieso war er nicht schon eher darauf gekommen? Emsig kramte er in seiner Wohnung herum. Innerhalb kürzester Zeit beförderte er alle möglichen Dinge nach draußen. Vor seiner Höhle ordnete er sie so an, wie er sie brauchen würde. Doch bevor er mit seiner Arbeit begann, eilte er zu Georg. Georg war der Älteste der Erdmännchen-Sippe und der Weiseste. Das Gespräch mit ihm dauerte lange. Aber als Eddy dessen Behausung wieder verließ, strahlte er über das ganze Gesicht. Frohgemut begann er sein Werk. Stunde um Stunde hämmerte, sägte, nähte und klebte er. Verwundert schauten die anderen Erdmännchen zu ihm herüber.

»Was machst du da?«, erkundigte Sammy sich neugierig.

»Lass dich überraschen!«, antwortete Eddy geheimnisvoll.

Den ganzen Tag werkelte er ohne Unterbrechung. Selbst in der Nacht gönnte er sich keine Ruhe. Im Licht des Mondes und der Sterne arbeitete er unverdrossen weiter.

Als die Erdmännchen am nächsten Morgen ihre Köpfe aus den Bauten steckten, staunten sie nicht schlecht. Was war denn das für ein seltsames Gebilde vor der Wohnung ihres Nachbarn? Aus sicherer Entfernung beäugten sie das unheimliche Objekt. Da kam Eddy aus seiner Höhle gekrabbelt. Doch wie sah er aus?

Das Erdmännchen steckte in einer warmen Hose, Stiefelchen und einer Lederjacke, die bis obenhin zugeknöpft war. Auf seinem Kopf trug er eine halbe Kokosnuss als Helm und auf der Nase eine kleine Taucherbrille.

»Nun ist er völlig verrückt geworden!«, murmelten die Erdmännchen kopfschüttelnd.

»Nein, im Gegenteil«, ertönte da die Stimme Georgs. »Wir alle sollten Eddys Mut und Einfallsreichtum bewundern und ihm Glück für seine Reise wünschen!«

»Reise? Was für eine Reise? Etwa in *diesem* Ding da?«

»Ja, genau. In diesem *Ding*!«, lächelnd zeigte Eddy auf seinen Flugapparat.

Neugierig kamen die Erdmännchen nun näher. Der riesige Plastiksack war an dem Weidenkorb befestigt, so dass er wie ein großer Ballon wirkte. Am Boden des Korbes befanden sich aus Holz gefertigte Pedalen. Von denen führte ein Schlauch in die Umhüllung. Wenn Eddy nun, wie bei einem Fahrrad, auf die Pedalen trat, wurde Luft in den Ballon hinein gepumpt. Das war ganz wichtig, denn dieser musste stets prall gefüllt sein. Außerdem hatte Eddy kleine Säckchen genäht und mit Sand gefüllt. Durch ihr Gewicht hielten sie den

Korb am Boden. Wenn er sie abwarf, würde der Korb leichter werden und aufsteigen.

»Und das soll funktionieren?«, fragte Sammy zweifelnd.

»Das wird es!«, bestätigte Georg. »Wir haben alles genau geplant und berechnet.«

Nachdem Eddy noch ein paar Lebensmittel in den Korb gepackt hatte, sprang er selbst hinein. Bevor Georg jedoch die Leine durchtrennte, die das Gefährt am Boden hielt, sprang Sammy plötzlich vor.

»Hier, nimm das. Du wirst es bestimmt gut gebrauchen können!« Damit reichte er seinem Freund das buntgemusterte Tuch, das er vor ein paar Tagen gefunden hatte. Dankbar schlang Eddy es sich um den Hals.

Kaum hatte Georg das Seil durchtrennt, erfasste eine Windböe den Ballon. Das kleine Erdmännchen wurde in seinem Korb in die Luft geschleudert und rasch davon getragen.

Rufe wie: »Gute Reise!« und: »Komm gesund wieder!«, drangen nur ganz leise zu Eddy hinauf. Im Nu konnte er die Winkenden nur noch als winzige Punkte erkennen.

Glücklich lehnte der kleine Abenteurer am Rand des Korbes und schaute begeistert in die Tiefe. Von hier oben sah die Welt sogar noch viel großartiger aus, als er es sich in seinen kühnsten Träumen vorgestellt hatte. Alles war so zwergenhaft. Die Tiere und Landschaften zogen in Windeseile unter ihm vorbei. Eddy konnte sich gar nicht satt sehen. Sein Traum zu Fliegen hatte sich endlich erfüllt!

Seine Reise führte ihn hinweg über Berge und Täler, Flüsse und Seen, kleine Dörfer und große Städte. Das Erdmännchen lernte eine Menge fremder Tiere kennen und lauschte voller Spannung den unglaublichen Geschichten, die diese erzählten.

Als sein Pumpenschlauch kaputt ging und der Ballon sich nicht mehr mit Luft füllen ließ, musste er in griechischen Gewässern »Notwassern«. Dabei wurde es Eddy ganz schön mulmig. Wusste er doch nicht, ob sein Korb wasserdicht war.

Doch er hatte Glück. Sanft setzte er auf den Wellen auf. In der Ferne konnte er einen Küstenstreifen erkennen, doch wie sollte er dorthin gelangen? Ruder hatte er nicht. Plötzlich tauchte neben ihm ein großer, grauer Fisch mit einer langen, spitzen Schnauze auf. Dieser lächelte ihn freundlich an. »Kann ich dir helfen?«, fragte er.

»Ja! Ich muss an Land, um meinen Flugapparat zu reparieren. Kannst du mich dorthin bringen?«

»Natürlich! Halte dich gut fest!« Während der Fisch behutsam seine Fracht durchs Wasser schob, unterhielten sich die beiden Tiere.

»Du bist sehr freundlich«, begann Eddy das Gespräch.

»Das sind wir Delfine immer!«

»Das sieht man dir an«, kicherte das Erdmännchen. »Habt ihr alle dieses freundliche Lächeln?«

»Ja. Wir erhalten es gleich nach unserer Geburt. Kurz bevor wir auf die Welt kommen, versammeln sich unzählige Kugelfische um den Mama-Delfin. Sobald wir das Licht der Welt erblicken, blasen diese sich auf und tanzen als buntschillernde Bälle um uns herum. Das sieht so lustig aus, dass wir unwillkürlich grinsen müssen. Dieses Lächeln bleibt dann ein Leben lang auf unserem Gesicht!«

So plauderten die beiden eine ganze Weile. Nachdem der Delfin Eddy an der Küste abgesetzt hatte, verabschiedeten sie sich voneinander.

Rasch erneuerte das Erdmännchen den defekten Schlauch und weiter ging die Reise.

Auf seiner Fahrt über den amerikanischen Kontinent hatte Eddy sogar einen Passagier!

Eines Morgens machte es »platsch«, und in dem Korb landete ein Pelikan. Dieser war während seines Fluges gegen den Ballon geprallt und hockte nun leicht benommen auf dem Boden des Korbes. Erstaunt blickte er sich um. »Wo bin ich hier?«, fragte der große Vogel mit dem langen Schnabel.

»In meinem Fluggerät«, erklärte Eddy. Beeindruckt betrachtete er die »Tüte«, die sein Gast unter dem Schnabel hängen hatte. »Möchtest du mich begleiten?«

»Ja, gerne! Selber zu fliegen ist ganz schön anstrengend. Meine Flügel tun mir schon ziemlich weh.«

Noch während der Pelikan dies sagte, ertönte ein fröhliches Kichern. Eine kleine Lachmöwe hatte sich zu den beiden gesellt.

»Das ist wieder typisch für dich, Porky!«, gluckste sie. »Du bist und bleibst der faulste Pelikan, den ich kenne!«

»Wieso?«, fragte Eddy interessiert.

»Nun, Porky ergreift jede Gelegenheit, um gar nichts, oder so wenig wie möglich tun zu müssen«, erklärte die Möwe. »Was meinst du, wieso er diesen gewaltigen Kehlsack unter seinem Schnabel trägt?«

Das Erdmännchen zuckte mit seinen Schultern. »Keine Ahnung.«

»Nun, weil er faul ist! Pelikane sammeln darin ihre Nahrung. Porky hat aber keine Lust mehrmals am Tag fischen zu gehen. Also stopft er ihn dermaßen voll, dass der Sack schon ganz ausgeleiert ist.«

»Stimmt das?« Fragend schaute Eddy den großen Vogel an.

Dieser nickte beschämt. »Ja, Molly hat recht«, gab er kleinlaut zu. »Darf ich trotzdem mit dir mit fliegen?«

Eddy lachte. »Sicher! Ich freu mich über ein bisschen Gesellschaft.«

Und so überflogen sie das weite Land gemeinsam.

Das Fliegen bereitete dem Erdmännchen auch nach vielen Tagen und Wochen immer noch großes Vergnügen. Doch ab und zu brauchte er festen Boden unter den Füßen. So landete er eines Tages auf einer schönen, grünen Wiese in Russland. Sein Fluggerät schob er unter dichte Büsche. Dann legte er sich ins hohe Gras. Er genoss die warmen Sonnenstrahlen und schlief ein.

Plötzlich schreckte er hoch. Was war denn das? Es juckte und kribbelte ihn überall gar fürchterlich. Eddy begann sich zu kratzen. Doch er wusste gar nicht wo er damit anfangen, und wo aufhören sollte. Schließlich wälzte er sich auf dem Boden hin und her. Er war schon ganz erschöpft, als das juckende Gefühl endlich nachließ. Da vernahm er eine aufgeregte Stimme:

»Hast du sie gesehen? Bitte sag mir, dass du sie gesehen hast!«

Das Erdmännchen schaute sich um. Zuerst konnte er nicht ausmachen, woher die Stimme kam, doch dann sah er den Grashüpfer. Er saß auf einem langen Grashalm und wirkte ganz unglücklich. Trotzdem sah der Hüpfer lustig aus. Er trug einen schwarzen Zylinder auf dem Kopf, einen gelb-grün karierten Mantel und in der einen Vorderpfote hielt er einen kleinen Stock.

»Wen oder was soll ich denn gesehen haben und wer bist du?«, fragte Eddy.

»Ich bin Mischa, der Zirkusdirektor. Meine Tiere sind mir fortgelaufen. Hast du sie gesehen?«

»Nein, tut mir leid. Ich habe sie nicht gesehen«, antwortete das Erdmännchen.

»Oje, oje!«, jammerte der unglückliche Grashüpfer. »Was soll ich denn bloß tun? In einer Stunde beginnt die Vorstellung!«

»Ich bin dir gern bei deiner Suche behilflich. Um was für Tiere handelt es sich denn?«, bot Eddy seine Hilfe an und begann sich wieder zu kratzen.

»Das ist sehr nett, dass du mir helfen willst. Aber, die Suche wird nicht einfach sein.« Der Zirkusdirektor seufzte.

»Warum denn nicht?«

»Nun, meine Tiere sind sehr, sehr klein. Es handelt sich nämlich um … Flöhe!«

Da begann das Erdmännchen furchtbar zu lachen. »Du kannst deine Suche beenden. Ich habe deine Flöhe bereits gefunden!«

Nachdem der Zirkusdirektor Eddys Fell gründlich abgesucht, und all seine Tiere wieder eingesammelt hatte, lud er das Erdmännchen zum Dank in seine Vorstellung ein.

Bevor Eddy seinen Heimflug antrat, legte er noch einen Zwischenstopp in Indien ein. Dieses Land hatte er schon immer kennenlernen wollen. Kaum hatte er sein Fluggerät gelandet und festgebunden, machte er sich auf den Weg, die Umgebung zu erkunden. Während er durch das hohe Gras wanderte, sah er plötzlich das schönste Tier, das er je erblickt hatte! Mit offenem Mund betrachtete das Erdmännchen staunend die große Katze mit den herrlichen schwarz-goldenen Streifen.

»Was schaust du mich denn so an?«, brummte diese mit tiefer Stimme.

»Entschuldige bitte. Ich wollte nicht unhöflich sein. Aber… ich habe noch nie so ein herrliches Tier wie dich gesehen!«, stotterte Eddy.

Geschmeichelt begann die Katze zu schnurren.

»Darf ich dich etwas fragen?«, erkundigte das Erdmännchen sich zögernd.

»Was möchtest du denn wissen?«

»Sind die schönen Streifen echt?«

»Ja, das sind sie«, schmunzelte die große Katze. »Wir Tiger haben alle diese Zeichnungen in unserem Fell.«

»Oh, du bist ein Tiger! Das ist aber ein schöner Name.«

»Möchtest du wissen, wie wir zu den Streifen und zu unserem Namen gekommen sind?«

»Ja, gerne!« Eddy setzte sich ins Gras und blickte die Katze erwartungsvoll an.

»Vor langer, langer Zeit …«, begann der Tiger, »… als die ersten Lebewesen die Erde bewohnten, gab es von jedem Tier nur ein Männchen und ein Weibchen. Je nach Veranlagung bauten sie Nester, buddelten unterirdische Verstecke, lebten in Höhlen oder auf Bäumen. Dort bekamen sie ihre Jungen und zogen sie liebevoll auf. Sie spielten, jagten, fraßen und schliefen und waren glücklich miteinander. Nur zwei Tiere zogen einsam durch die Welt. Durch einen dummen Zufall waren sie weit entfernt voneinander auf die Erde gekommen. Nun irrten sie umher, um einen Partner zu finden. Tim und Gerda, so hießen die beiden, waren prachtvolle Geschöpfe. Katzengleich, nur viel größer. Mit bernsteinfarbenen Augen und einem geschmeidigen Gang. Gerdas Fell glänzte goldgelb, während das von Tim pechschwarz schimmerte. Von Nord nach Süd, von Ost nach West durchstreiften sie das große Land. Ihre Wege führten sie durch dunkle Wälder, grüne Täler und weite Steppen. Sie lernten eisige Kälte, Regen und Schnee genauso kennen, wie Sonnenschein und glühende Hitze. Die Suche trieb sie immer weiter.

Dann eines Tages, Tim und Gerda hatten die Hoffnung einen Gefährten zu finden schon fast aufgegeben, geschah es: Tief im Süden, wo die Tage heiß und die Nächte kalt sind, standen sie sich plötzlich gegenüber. Neugierig beäugten sie sich. Doch dann schritten sie aufeinander zu und beschnupperten sich. Schnell verloren Gerda und Tim ihre Scheu voreinander und begannen übermütig herumzutoben. Sie verstanden sich so gut, dass sie beschlossen, zusammen zu bleiben. Die Gegend gefiel ihnen und es dauerte auch nicht lange, da bekamen sie den ersten Nachwuchs. Es waren zauberhafte Babys. Goldgelb mit schwarzen Streifen und leuchtend grünen Augen! Nun fehlten nur noch die Namen. Lange überlegten sie, aber kein Name wollte so richtig zu den Kleinen passen. So entschlossen sich Tim und Gerda aus den Anfangsbuchstaben ihrer eigenen Namen, den ihrer Kinder zu formen: Tiger!

Schweigend hatte das Erdmännchen gelauscht. »Das war eine wunderschöne Geschichte. Vielen Dank, dass du sie mir erzählt hast. Bestimmt weißt du eine Menge spannender Begebenheiten. Ich würde gerne mehr hören, doch leider muss ich weiter«, bedankte sich Eddy.

»Ja, da hast du recht. Ich könnte dir viele Geschichten erzählen«, stimmte der Tiger seinem Besucher zu. »Aber ich kann verstehen, dass du nach Hause möchtest. Ich wünsche dir alles Gute und viel Glück, kleines Erdmännchen!«

Lange noch blickte die große Katze dem Besucher nach. »Ein netter Junge«, murmelte sie. »Der könnte ruhig öfter bei mir vorbeischauen.«

Fast ein Jahr dauerte es, bis das Erdmännchen wohlbehalten in seine afrikanische Heimat zurückkehrte. Mit großem Jubel wurde er von seiner Familie und den Freunden empfangen. Alle waren furchtbar stolz auf »ihren« Flieger. Es dauerte viele Tage, bis Eddy von all seinen Erlebnissen und Abenteuern berichtet hatte. Und auch Jahre später noch musste er immer wieder seine Geschichten erzählen.

Wie gut war es doch gewesen, dass er sich nicht von seinem Traum hatte abbringen lassen!

»Ach, Fluffy. Nun stell dich doch nicht so an!« Ungeduldig wies die Fledermaus-Mama ihre Tochter zurecht. »So geht das doch nicht!«

Seit Tagen versuchte sie nun schon ihrer Jüngsten das Fliegen beizubringen, aber die Kleine begriff es einfach nicht. Sie stellte sich unglaublich dusselig an.

Schuldbewusst blickte Fluffy ihre Mutter an und piepste: »Ich *kann* das einfach nicht, Mama! Diese doofen Flügel sind einfach zu groß für mich!«

»Deine Flügel sind genau passend!«, erwiderte die Mutter.

»Wieso muss ich mich überhaupt in die Lüfte erheben können?«, fragte das Fledermausmädchen. »Warum darf ich nicht auf dem Boden herumhopsen? Das ist viel schöner!«, versuchte Fluffy sich vor dem Flugunterricht zu drücken.

»Du bist nun mal eine Fledermaus und Fledermäuse *fliegen*! Sie hüpfen, hoppeln oder watscheln nicht! So schwer ist das alles doch gar nicht. Komm wir versuchen es noch einmal!«

Seufzend gehorchte Fluffy. Sie schaffte es zwar, beide Flügel gleichzeitig an den Kopf zu ziehen, aber das mit dem »kräftig nach hinten schwingen«, bekam sie einfach nicht hin. Wenn es mit dem rechten Flügel klappte, misslang es ihr mit dem linken; und umgekehrt. Ihr Näschen war schon ganz platt, weil sie bestimmt schon hundert Mal darauf gefallen war.

Endlich hatte Mutter Fledermaus ein Einsehen.

»Schluss für heute!«, verkündete sie.

Erleichtert verkroch Fluffy sich schleunigst in ihre Mauernische in der alten Ruine. Hier fühlte sie sich sicher und geborgen. Mit den Zehen ihrer Hinterbeine krallte sie sich an einem Vorsprung fest und ließ sich fallen. Kopfüber baumelte sie nun von der Decke herab. *Das* gefiel ihr.

»Na, hast du deinen Flugunterricht für heute beendet?«

Mit elegantem Flügelschlag quetschte sich Taffy zu ihr in die Nische.

Traurig sah Fluffy ihren großen Bruder an. »Ach, Taffy, kannst du mir nicht einen Rat geben, wie ich das Fliegen hinbekomme?«, seufzte sie. »Mama ist schon ganz verzweifelt. Aber ich finde es unglaublich anstrengend und sehe einfach nicht ein, *wieso* ich es überhaupt können muss!«

Taffy klammerte sich an einen Ast, der aus dem Mauerwerk ragte. Nun hingen sie beide kopfüber in dem engen Spalt. Nachdenklich schaute er seine kleine Schwester an.

»Ich kann ja ein bisschen mit dir üben, wenn du möchtest«, bot er an. »Es ist ganz, ganz wichtig, dass du fliegen lernst!«, betonte Taffy.

»Warum?«

»Nun, wenn du nur auf dem Erdboden herumhüpfst, kannst du nicht schnell genug unseren Feinden entkommen. Die Katze oder die Eule erwischen dich schneller als du »A« sagen kannst und fressen dich auf!«

Als Taffy merkte, dass das Gesagte keinen großen Eindruck auf seine Schwester machte, versuchte er es anders. »Außerdem musst du bald damit beginnen, dir deinen Futtervorrat für den Winter anzulegen. Sonst verhungerst du während des Winterschlafes. Ich habe dich beobachtet. Wenn du nachts an dem Ast der alten Eiche hängst und darauf wartest, dass die Insekten dir ins Maul fliegen, erwischst du immer die dicksten Brummer. Ich weiß nicht wie du es machst, aber du triffst eine ganz besonders hohe Tonlage, wenn du deine Schallwellen ausstößt. Während des Fliegens kannst du noch viel mehr Futter sammeln. So wirst du gut über den Winter kommen und dick und rund werden!«

»Dann passt mir im Frühling aber mein schönes, seidiges Fell nicht mehr und ich platze aus allen Nähten!«, wandte Fluffy ein.

Taffy stöhnte. Langsam wusste er nicht mehr weiter. Da kam ihm eine Idee!

»Tja, wenn dir *das* wichtiger ist, kann ich dir auch nicht helfen. Aber dann beschwer dich auch nicht, wenn du an Helloween nicht dabei sein kannst.«

Da spitzte das kleine Fledermausmädchen plötzlich ihre hübschen, trichterförmigen Ohren.

»*Hello* … was?«, fragte sie neugierig. »Was ist das?«

»Helloween heiß das«, erklärte Taffy. Er hatte doch gewusst, dass sein Schwesterchen das interessieren würde. »An diesem Tag fliegen wir alle los, um die Menschen zu erschrecken. Die haben nämlich Angst vor allen möglichen Dingen. Unter anderem auch vor uns«, fuhr er fort. »Wenn du bis dahin aber nicht fliegen kannst, musst du ganz alleine hier bleiben.«

»Was passiert an diesem Tag denn genau?«, gespannt schaute Fluffy ihren großen Bruder an.

»An diesem Tag wollen die Menschen böse Geister vertreiben. Wenn es dunkel wird, verkleiden sie sich als Gespenster und andere seltsame Wesen. Dann laufen sie durch die Straßen, klopfen an die Türen der anderen Leute und verlangen Süßigkeiten. Wenn sie diese nicht bekommen, spielen sie den Leuten Streiche. Außerdem höhlen sie große, orangefarbene Früchte aus. Ich glaube, die nennen sie *Kürbisse*. Aus denen schneiden sie Münder und Augen heraus und stellen Lichter hinein. Das leuchtet dann hübsch.«

Mit großen Augen sah Fluffy ihren Bruder an. »Das klingt spannend! Und was machen wir Fledermäuse dann?«

Taffy grinste spitzbübisch. »Na, wir fliegen ganz dicht über ihre Köpfe und erschrecken sie. Das macht riesengroßen Spaß!«

»Wann ist dieses Fest?« Das kleine Fledermausmädchen war plötzlich ganz aufgeregt.

»Bald. In einer Woche.«

»Taffy, bitte, bitte, bring mir ganz schnell das Fliegen bei!«, bestürmte Fluffy nun ihren Bruder.

»Gut. Aber du musst alles tun, was ich dir sage!«

»Versprochen!« Fluffy wurde schon ganz zappelig vor lauter Vorfreude. Sie hätte ihrem Bruder *alles* versprochen, wenn sie nur mit zu diesem tollen Hellowen-Fest konnte!

Noch in der gleichen Nacht begannen die beiden Geschwister zu üben. Todmüde schaffte es Fluffy im Morgengrauen gerade noch, sich in ihre Schlafstellung zu schwingen. So verging eine Nacht nach der anderen. Das kleine Fledermausmädchen war voller Eifer bei der Sache. Und ihre Mühe wurde belohnt.

Eine Nacht vor Helloween war es geschafft! Wie ein Blitz sauste sie um die alte Ruine herum, in den Wald hinein und wich geschickt allen Hindernissen aus.

Ihre Mutter staunte. »Kind, wann und wo hast du denn *so* fliegen gelernt?«

»Das hat mir Taffy beigebracht!«, antwortete Fluffy glücklich, und war im nächsten Moment auch schon wieder verschwunden. Nie hätte sie gedacht, dass es so herrlich sein würde, durch die Lüfte zu segeln.

Endlich war der große Tag da. Aufgeregt fragte das kleine Fledermausmädchen bereits am frühen Nachmittag alle paar Minuten: »Wann geht es denn endlich los? Wann fliegen wir zu den Menschen?«

Als die Dämmerung herein brach, war es so weit. Alle Familienmitglieder breiteten ihre Flügel aus und los ging es.

Sobald die ersten Häuser in Sicht kamen, wurde dem Fledermausmädchen etwas mulmig. Alles sah so fremd und unheimlich aus.

»Bleib dicht bei mir!«, wies Taffy seine Schwester an. »Wir verteilen uns jetzt in der Stadt. Auf diese Weise können wir viel mehr Leute erschrecken.«

Schon bald entdeckten die beiden Geschwister die ersten »Geister«. Mit weißen Bettlaken verkleidet, liefen fünf Kindern durch die Straße.

»Auf geht's!«, rief Taffy und stürzte sich auf die Opfer. Kurz über ihren Köpfen verlangsamte er seinen Flug. Ganz dicht schwebte er über ihnen, und streifte sie sachte mit seinen Flügeln.

»Was war das? Was hat mich da berührt?«, kreischten die Kinder und blickten sich erschreckt um. Als sie niemanden entdeckten, stoben sie schreiend auseinander.

Fluffy beobachte alles aus sicherer Entfernung. Das war lustig gewesen. Es schien ganz einfach zu sein.

»Die nächsten möchte ich gerne erschrecken«, bat sie ihren Bruder; und bald schon hatte sie Gelegenheit dazu. Dieses Mal waren es nur zwei Kinder. Das eine trug einen roten Anzug; am unteren Teil des Rücken war ein langer Schwanz befestigt war und auf dem Kopf prangten zwei kleine, schwarze Hörner. Das andere Kind war mit einem schwarzen Laken bekleidet; darauf war mit weißer Farbe ein Knochengerüst aufgemalt.

In rasantem Sturzflug näherte sich Fluffy den Gestalten und umrundete sie. Dabei streifte sie dem einen Kind mit ihrem Flügel übers Gesicht, das andere erwischte an dessen Hand.

»Ihhh! Was war das?«, quietschten die kleinen Wesen. Ängstlich blickten sie sich an.

»Ich weiß es nicht. Das ist mir nicht geheuer«, meinte das Ältere. »Lass uns nach Hause gehen.« Und so schnell sie konnten, eilten sie davon.

Fluffy kicherte vergnügt. Das war wirklich ein tolles Vergnügen! Obwohl, ein wenig taten die Kinder ihr auch leid. Aber sie und ihre Artgenossen meinten es ja nicht böse. An diesem einen Tag im Jahr wollten die Fledermäuse halt auch mal ihren Spaß haben.

Als es ganz dunkel geworden war und kaum noch verkleidete Gestalten auf der Straße zu sehen waren, beendeten sie ihr Spiel. Taffy steuerte auf ein hell erleuchtetes Fenster zu. Dort hängten sie sich an die halb herunter gelassene Jalousie und blickten in das Zimmer.

Was gab es da nicht alles zu sehen! Direkt vor ihnen, auf der Fensterbank, standen zwei Kürbisse. Aus den herausgeschnittenen Augen und Mündern flackerte warmer Kerzenschein. Auf dem Tisch entdeckte Fluffy eine große Schüssel mit Spaghetti. Die sahen aus wie lange, dünne Würmer. Daneben lag auf dem Tischtuch eine riesige Spinne.

Ach, es gab so viel zu sehen! Das kleine Fledermausmädchen wusste gar nicht, wo es zuerst hinschauen sollte. So stand auf einem Buchregal eine zerfledderte Ratte mit gewaltigen Zähnen. Bloß gut, dass Taffy ihr gesagt hatte, dass all diese Dinge nicht echt waren. Sonst hätte sie sich bestimmt tüchtig gegruselt.

Plötzlich entdeckte sie in der einen Ecke des Raumes … eine Fledermaus! Mit ihren weit ausgebreiteten Flughäuten starrte diese genau zu den Geschwistern herüber. Obwohl Fluffy genau wusste, dass auch diese aus Gummi war, fand sie das gar nicht witzig.

Dann war es Zeit für den Heimflug.

Erschöpft, aber glücklich, kamen sie in der Ruine an. Kaum hatte Fluffy sich in ihre Mauernische verkrochen und ihre Schlafstellung eingenommen, fielen ihr auch schon die Augen zu.

Das war ein großartiger Tag gewesen! Noch lange würde Fluffy sich an diese aufregende Nacht erinnern. Sie war ihrem Bruder ja so dankbar. Ohne ihn hätte sie dieses Abenteuer nicht erlebt.

Es war schon gut, wenn man ältere Geschwister hatte. Von denen konnte man so manches lernen!

Leise plätschernd schlängelte sich das Bächlein durch die blühende Wiese.

Kathi hatte sich auf einem Grashalm am Ufer niedergelassen und blickte traurig vor sich hin. Ihre Seufzer vermischten sich mit dem Gemurmel des Wassers.

Da wollten sie und ihre Artgenossen den Menschen mit ihren feingesponnenen Netzen eine Freude machen, doch die wussten diese Geschenke keineswegs zu würdigen. Dabei ahnten die Zweibeiner gar nicht, wie viel Mühe es machte, die feinen Gespinste herzustellen. Morgens, wenn die ersten Sonnenstrahlen sich in den Tautopfen der Netze verfingen, sah es aus, als ob tausend Diamanten mit eingesponnen seien.

Dank? Nein, den gab es nicht. Im Gegenteil! Achtlos wurden die Netze zerstört. Meistens mit der Bemerkung: »Schon wieder so ein blödes Spinnennetz!« Doch das war nicht einmal das Ärgste. Denn kaum wurden die Spinnen von einem Menschen entdeckt, da gerieten diese völlig außer sich. Kathi konnte einfach nicht verstehen, weshalb die Leute sich so gemein verhielten und am Schlimmsten dabei waren die *weiblichen* Wesen!

Die kreischenden Schreie, die diese ausstießen, taten den kleinen Spinnen in den Ohren weh. Auch Rufe wie: »Iiih, eine Spinne!« Oder: »Pfui, was für ein ekeliges Vieh!«, machten Kathi traurig. Und erst die Rücksichtslosigkeit, mit der die Menschen ihr und ihren Artgenossen zu Leibe rückten! In der Auswahl der Geräte, die sie dafür benutzten, waren die Zweibeiner nicht wählerisch. Ob es sich dabei um Zeitungen, ausgelatschte Pantoffeln oder alte Besen handelte, war egal. Hauptsache drauf auf die wehrlosen kleinen Spinnen. Es war entsetzlich!

Gerade war Kathi mit viel Glück einem solchen Angriff entkommen.

Warum das alles? Sie taten doch niemandem etwas, und für ihr Aussehen konnten sie schließlich nichts. Sicher, es gab auch unter den Spinnen ein paar »giftige« Zeitgenossen, aber die lebten doch gar nicht hier!

Kathi begann zu weinen. Dicke Tränen tropften auf die Erde.

Da erklang plötzlich ein feines Stimmchen neben ihr: »Warum bist du denn so traurig?«

Erschrocken blickte die kleine Spinne auf. Vor ihr stand ein winziges Zwerglein.

Es trug eine grüne Hose, eine gelbe Jacke und eine rote Zipfelmütze. Besorgt blickte der Wichtel Kathi an.

»Wer bist du?«, fragte diese erstaunt.

»Ich heiße Huschepuh«, antwortete der Zwerg. »Du hast so herzzerreißend geschluchzt, dass ich einfach wissen muss, was dir geschehen ist. Kann ich dir helfen?«

»Das ist sehr lieb von dir, aber ich wüsste nicht, wie du mir helfen könntest«, erwiderte Kathi leise.

»Das kann man nie wissen«, tat der kleine Mann geheimnisvoll. »Erzähl mir doch einfach, was dich so bedrückt.«

Da berichtete die kleine Spinne ihm von ihrem Kummer. Aufmerksam hörte der Wichtel zu. Dabei strich er sich nachdenklich über seinen langen, weißen Bart.

Als Kathi geendet hatte, zog er einen goldenen Stab aus seiner Tasche, berührte die kleine Spinne damit und sprach:

»Von nun an wirst du jedes Mal, wenn ein Mensch dich beleidigt, ihm zurufen: »Beschimpfe mich nicht, dann werde ich dich reich belohnen!« Dabei werden *silberne* Perlen aus deinen Augen kullern. Wenn jemand jedoch versucht dich zu schlagen oder gar zu zertreten, dann rufe: »Tu mir nicht weh, dann werde ich dich reich belohnen!«, dabei wirst du *goldene* Perlen weinen.«

»Warum tust du das für mich?«, fragte Kathi staunend.

»Nun, nicht alle, aber viele Menschen sind Tieren gegenüber herzlos. Je gemeiner sie sind, desto habgieriger sind sie«, erwiderte der Zwerg. »Vielleicht gelingt es uns mit dieser List, wenigstens ein paar der Leute davon zu überzeugen, dass Spinnen harmlose und nützliche Wesen sind. Es wird sich herumsprechen und mit etwas Glück werden auf diese Weise viele deiner Artgenossen gerettet werden.«

»Ich danke dir vielmals, lieber Zwerg«, freute Kathi sich. »Hoffentlich behältst du Recht!«

Am folgenden Tag machte sich die kleine Spinne voller Spannung auf den Weg zu einer der menschlichen Behausungen. Würde der Zauber wirken? Ein bisschen bange war ihr schon.

Kaum war sie durch einen Türspalt in das Innere der Wohnung eingedrungen, da kreischte auch schon eine weibliche Stimme:

»Iiih, eine *Spinne*!!! Na warte, du grässliches Tier!«

Die Frau schnappte sich ein dickes Buch, doch als sie es auf das harmlose Tierchen niedersausen lassen wollte, rief Kathi laut:

»Beschimpfe mich nicht, dann werde ich dich reich belohnen!«

Verunsichert hielt die Frau mitten in der Bewegung inne. Erstaunt starrte sie das zierliche Wesen an.

»Das gibt´s doch gar nicht! Eine Spinne die sprechen kann?«, murmelte sie. Und weil sie glaubte, dass eine Sinnestäuschung sie narrte, holte sie erneut zum Schlag aus.

Da sah sie plötzlich zwei silberne Perlen auf dem Boden schimmern. Sie bückte sich und hob die Kostbarkeiten auf. Ungläubig betrachtete sie sie.

In diesem Moment betrat ein Mann das Zimmer. Sofort fiel sein Blick auf die Spinne.

»Weib!«, rief er. »Was ist los mit dir? Bist du blind oder hast du tatsächlich noch nicht bemerkt, was da vor dir sitzt?« Er hob seinen Fuß und wollte die Spinne zertreten.

Da stieß seine Frau ihn hastig zur Seite.

»Nein, tu´s nicht! Schau her!« Sie hielt ihm die Perlen hin. »Die hat sie mir geschenkt, weil ich ihr nichts getan habe!«

»Du spinnst ja«, grinste der Mann. »Du willst mir doch wohl nicht weismachen, dass *dieses* Tier dir solche Schätze überlassen hat?« Damit hob er erneut seinen Fuß, um Kathi unter seinem Schuh zu zermalmen.

Schnell rief die Kleine nochmals die Zauberworte: »Tu mir nicht weh, dann werde ich dich reich belohnen!«

Und wieder kullerten zwei Perlen aus ihren Augen. Dieses Mal aus purem Gold!

Hastig hob der Mann die wertvollen Kugeln auf. Während er sie anstarrte, nutzte die kleine Spinne die Gelegenheit, um zu verschwinden.

Diesen Menschen hatte sie mit Hilfe des Zwergen-Zaubers zu großem Wohlstand verholfen. Fortan würde das Ehepaar sorgenfrei leben können. Und Kathi war sich sicher, dass diese beiden keiner Spinne mehr etwas zu Leide tun würden.

Aufgeregt lief die Frau mit ihren Schätzen durch das Dorf. Jedem zeigte sie dir Perlen und erzählte, was ihr widerfahren war.

Aber dies war erst der Anfang. Kathi hatte noch sehr viel Arbeit vor sich!

Nun, diese Geschichte geschah vor sehr, sehr langer Zeit. Doch, wer weiß, ob der Zauber nicht auch bei Kathis Nachkommen wirkt? Wenn du also eine Spinne siehst, überlege gut, was du tust!

Wie der Nikolaus zu seinem Beruf kam

»Papa, erzählst du mir eine Gutenachtgeschichte?« Bettelnd schaute der kleine Biber seinen Vater an.

»Natürlich! Welche möchtest du denn gerne hören, Benny?«

»Hmm, eigentlich kenn ich ja schon alle«, murmelte der Biberjunge. »Hast du nicht mal eine Neue für mich?«

»Tja, da muss ich mal überlegen.« Nachdenklich krauste der Bibervater seine Stirn. »Weißt du wer der Nikolaus ist?«, fragte er schließlich seinen Sohn.

Benny nickte: »Das ist der alte Mann mit dem dicken Bauch. Er hat einen weißen Bart und am sechsten Dezember bringt er allen Kindern Geschenke. Oder er verdrischt sie mit seiner Rute. Je nachdem, ob sie artig waren, oder nicht«, fügte er grinsend hinzu.

»Das ist richtig«, lächelte der Vater. »Aber weißt du auch, wie der Nikolaus zu seinem Beruf gekommen ist?«

»Nein!«

»Nun, dann will ich es dir erzählen. Du musst nämlich wissen, dass der allererste Überbringer der Geschenke kein *Mensch*, sondern ein *Biber* war! Um genau zu sein: Es war dein Ururgroß-vater Berthold.«

»Ehrlich?« Staunend starrte Benny seinen Vater an. »Das war doch bestimmt sehr viel Arbeit für ihn. Wie hat mein Urur …, ähm, wie viele »Ur« waren es? Ach, egal! … das alles denn geschafft?«

»Nun, er war ein großer, starker Biber und sehr fleißig«, antwortete der Papa.

»Wie konnte er denn wissen, welche Kinder artig waren und welche nicht?«, fragte Benny weiter.

»Es war so: Dein Ururgroßvater Berthold hatte ein geheimnisvolles Fernrohr«, erklärte der Vater. »Durch dieses sah er den ganzen Tag hindurch. So beobachtete er alle Tierkinder auf der Welt. Weil er ständig so angestrengt gucken musste, bekam er ganz schlechte Augen. Deswegen trug er auch eine Brille.«

Mit großen Augen lauschte Benny der Erzählung. »Wie kam er denn zu dem Fernrohr?«, wollte er nun wissen.

»Ich erzähle dir die Geschichte am besten von Anfang an«, meinte Papa Biber.

Gemütlich kuschelten die beiden sich aneinander und der Vater begann: »Bevor dein Ururgroßvater der Überbringer der Geschenke wurde, war er ein hervorragender Dammbauer. Auch im Fällen der Bäume war er unschlagbar. Kein anderer konnte so schnell und geschickt arbeiten wie er.

Eines Tages jedoch hatte er einen Traum. In diesem erschien ihm ein alter, weißgekleideter Mann mit einem langen Bart. Dieser bat ihn, alle guten Tierkinder auf der Welt zu belohnen, wenn sie brav und folgsam gewesen waren. Als dein Urahn erwachte, lagen neben ihm das Fernrohr und ein dickes Notizbuch. Tja, und so begann es.

Von nun an schaute er jeden Tag viele Stunden durch das Rohr und all seine Beobachtungen trug er gewissenhaft in das Buch ein.

Ein Mal im Jahr packte er sich die großen und kleinen Geschenke auf den Rücken und marschierte los. Vom Nordpol bis zum Südpol, von Ost nach West, umrundete er die Erde an nur einem Tag! Dabei musste er sich ganz tüchtig beeilen!

Dies tat er viele Jahre lang und nie hat er auch nur ein Tierkind vergessen! Bis zu dem Tag, als das Unglück geschah!«

»Was ist denn passiert?« Bennys Stimme klang ganz heiser vor Aufregung.

»Wie jedes Jahr, am sechsten Dezember, machte sich Berthold wieder auf den Weg«, erzählte Vater Biber weiter. »Er kam gut voran. Den Großteil seiner Geschenke hatte er bereits verteilt und er war gerade auf dem Weg zu einem kleinen Rehkitz. Das wohnte ganz tief im Wald, aber das störte deinen Ururgroßvater nicht. Vergnügt stapfte er durch den tiefen Schnee. Da passierte es: Er geriet in eine Falle! Diese hatten Wilderer aufgestellt. Unter der weißen Masse konnte er sie nicht sehen und der Fangmechanismus schnappte zu.«

»Au weh! Das muss ja ganz furchtbar wehgetan haben!«, bemerkte der Biberjunge mitfühlend.

»Ja, das tat es. Dein Urahn hatte schlimme Schmerzen. Die spitzen Zacken des schweren Fangeisens hatten sich tief in seine Pfote gebohrt. Er konnte sich nicht daraus befreien und rief immer wieder um Hilfe. Doch niemand hörte ihn. Die schönen Geschenke lagen um ihn herum verstreut und wurden ganz nass vom Schnee. Viele Stunden lag er so in der Kälte. Seine größte Sorge aber war, dass er nun nicht mehr pünktlich zu den noch verbliebenen Tierkindern kommen würde.

Plötzlich hörte er Schritte. Ein Mann mit einem dicken Bauch und einem gewaltigen Bart kam auf ihn zu. Freundlich sprach er deinen Ururgroßvater an und befreite ihn behutsam aus der Falle.

»Wer bist du?«, fragte dein Urahn den hilfsbereiten Fremden.

»Ich bin Nikolaus und wie heißt du?«

»Ich heiße Berthold. Danke, dass du mich befreit hast!«

»Du bist arg verletzt«, stellte Nikolaus fest. »Ich nehme dich mit in meine Hütte. Dort werde ich deine Wunde versorgen und du kannst dich ausruhen.«

»Das geht nicht!«, protestierte der Verletzte. »Ich muss sofort weiter. Die Geschenke müssen noch heute zu den Tierkindern gebracht werden!«

»Mach dir keine Sorgen, das übernehme ich gerne für dich. Du musst erst wieder zu Kräften kommen!«

Und so geschah es. Nikolaus brachte Berthold in seine Hütte und verarztete ihn. Dann nahm er die Geschenke und verteilte sie noch in der gleichen Nacht.

Berthold blieb fast zwei Wochen in der Hütte. Es stellte sich heraus, dass seine Verletzung doch schlimmer war, als er zuerst gedacht hatte. Das machte ihn sehr traurig. Von nun würde er die Geschenke wohl nicht mehr verteilen können. Eigentlich müsste sein Sohn nun diese Aufgabe übernehmen, aber der war mit Leib und Seele Lehrer und gar nicht geeignet dafür. Doch wer sollte diese wichtige Arbeit fortführen? Lange überlegte der alte Biber hin und her. Schließlich erzählte er seinem Retter von seinen Sorgen. Es wurde eine sehr lange Unterhaltung. Am Ende war dein Ururgroßvater überzeugt, dass es nur einen würdigen Nachfolger geben konnte: Nikolaus!

Dieser war gerne bereit, die Arbeit des Bibers zu übernehmen. So übergab Berthold ihm das geheimnisvolle Fernrohr und das dicke Buch.

In späteren Jahren begann Nikolaus dann, auch die braven Menschenkinder mit Geschenken zu belohnen. Und als die Arbeit immer mehr wurde, besorgte er sich Helfer, die ihn dabei unterstützten.«

»Papa, das war eine tolle Geschichte! Und sie ist wirklich wahr?«, fragte Benny atemlos.

»Ja, mein Sohn. Genauso hat es sich zugetragen!«, versicherte ihm Vater Biber.

»Papa? Ich bin stolz darauf, dass der erste »Nikolaus« mein Urahn ist! Aber … ich bin auch froh, dass du einen ganz normalen Beruf hast und ich ein ganz einfacher Junge bin.«

Und mit einem glücklichen Lächeln auf dem Gesicht schlief der kleine Biberjunge ein.

Kajos erster Schnee

Kajo zitterte vor Kälte. Obwohl sein Schlafplatz unter den tiefhängenden Zweigen der alten Tanne trocken und geschützt war, klapperten seine Zähne geräuschvoll aufeinander. Wärmesuchend kuschelte er sich tiefer in sein weiches Lager. Das kleine Rentier konnte sich nicht daran erinnern, jemals so gefroren zu haben. Bloß gut, dass seine Mutter den Boden mit Moos und Zweigen gepolstert hatte. Nicht auszudenken, wenn er auf der nackten Erde hätte liegen müssen!

Verschlafen blinzelte das kleine Rentier. Doch bereits einen Moment später riss es seine Augen weit auf. Was war denn das?

»M A M A!!!« Verunsichert rief Kajo nach seiner Mutter. »Mama, wer hat denn den ganzen weißen Schaum hierher gebracht?«

Mutter Rentier lachte. »Aber Junge, das ist doch kein Schaum, das ist *Schnee*!«

»Schnee??? Was ist das und wo kommt er her?«

»Nun, du hast ja schon gemerkt, dass es in den letzten Tagen immer kälter geworden ist«, erklärte die Mutter. »Das ist ganz normal für diese Jahreszeit, denn nun beginnt der Winter. Und im Winter schneit es. Schneeflocken sind kleine Eiskristalle, die sich hoch über den Wolken bilden und auf ihrem Weg zur Erde immer dicker werden.«

»Das ist ja toll!«, staunte Kajo. »Und wie lange bleibt es so?«

»Bis zum Frühling. Aber bis dahin ist es noch lange hin.«

»Schneit es überall auf der Erde?«, wollte das kleine Rentier weiter wissen.

»Nein, nicht überall. In Afrika zu Beispiel schneit es nie.«

»Oh! Aha! Alles sieht so anders aus. So sauber«, stellte Kajo fest. Neugierig ging er näher an die weiße Pracht heran.

Wie tausend und abertausend kleine Sternchen glitzerten die Eiskristalle im Sonnenlicht. Das ganze Land lag unter einer weißen Decke verborgen. Zaghaft setzte Kajo einen Fuß in die seltsame Masse. Iiiih, war das kalt! Und so nass! Rasch zog er seinen Fuß wieder zurück und schüttelte ihn. Staunend blickte er auf den Abdruck, den sein Huf hinterlassen hatte.

Der kleine Rentierjunge war im Juni zur Welt gekommen. Bis jetzt kannte er nur Wärme, Sonne und Regen. Dies war nun eine ganz neue Erfahrung für ihn.

Erneut betrat er die schimmernde Fläche. Dieses Mal lief er ein paar Schritte. Erstaunt merkte er, dass er zwar bis über die Hufe im Schnee versank, aber dass es sich auch sehr angenehm darauf ging. So weich!

Übermütig lief er hin und her. Dabei hinterließ er zahlreiche Muster in der Schneelandschaft. Nach einer Weile blieb er stehen und reckte den Kopf in die Höhe. Ganz weit streckte er seine Zunge heraus. Sofort ließen sich kleine Flocken darauf nieder. Kajo schluckte sie hinunter. Hmmm, schmeckte gar nicht mal schlecht!

Plötzlich landete ein besonders hübsches Eiskristall direkt auf seiner Nase.

»Hallo!«, sagte ein feines Stimmchen. »Ich bin Flöckchen!«

Das kleine Rentier verdrehte die Augen und schielte zu seiner Nasenspitze hin.

»Hallo«, erwiderte er. Und erstaunt fügte er hinzu: »Wieso kannst du sprechen? Du bist doch eine Schneeflocke!«

»Na und? Weißt du denn nicht, dass jede Tausendste von uns sprechen kann?«

Nein, das hatte er nicht gewusst. Woher auch?

»Wer bist du, und wie heißt du?«, fragte das kleine Eiskristall.

»Ich heiße Kajo und bin ein Rentier!«

Flöckchen kicherte. »Hihihi, wie albern ist *das* denn? *Jedes* Tier kann doch *rennen*! Wieso nennst du dich dann »*Renn*tier«?«

»Nicht »*Renn-*«, sondern »*Ren*tier«, verbesserte Kajo.

»Und ich bin Ayk, der Elch!«, ertönte plötzlich eine Stimme neben den beiden. »Sag mal, Kajo, bekommt dir der Schnee nicht, oder wieso führst du Selbstgespräche?«

»Ich rede ja gar nicht mit mir selbst! Schau mal auf meine Nase!«, forderte dieser seinen Freund grinsend auf.

Ayk staunte nicht schlecht, als er die kleine Schneeflocke dort entdeckte.

»Wie kommt es, dass du ausgerechnet bei uns gelandet bist?«, erkundigte sich das Rentier.

»Das war Zufall. Wir können uns nicht aussuchen wohin der Wind uns weht.«

»Bleibst du jetzt bei uns?«, fragte der kleine Elch.

»Ja, bis zum Frühjahr.«

»Und dann?«

»Nun, wenn es wärmer wird und die Sonne mehr Kraft bekommt, schmelze ich. Dann werde ich zu Wasser und versickere mit all den anderen Schneeflocken in der Erde.«

»Oh! Das ist aber schade!«

»Nein, gar nicht! Ich freu mich darauf! Auf diese Weise werden alle Pflanzen mit Wasser versorgt. Dadurch wachsen sie und bekommen neue Blätter und Blüten.«

»Das sieht dann bestimmt wunderschön aus«, bemerkte Ayk.

»Ja, so ist der Lauf der Zeit. Man kommt auf die Welt und geht seinen Lebensweg. Dabei lernt und entdeckt man unglaublich viele Dinge. Man trifft andere Lebewesen, verbringt eine Zeit mit ihnen und irgendwann heißt es wieder Abschied nehmen. Aber nun bin ich erst einmal hier. Ich denke, dass wir viel Spaß miteinander haben werden.«

»Dann bist du ja zum Nikolaus- und Weihnachtsfest bei uns«, freute Kajo sich. »Hast du gewusst, dass wir, die Rentiere, immer den Schlitten des Nikolaus´ ziehen dürfen?«

»Ich habe auf meinem Weg zur Erde davon gehört«, nickte Flöckchen.

»Und meine Oma hat in der Nikolauswerkstatt gearbeitet!«, verkündete Ayk stolz.

»Was hat sie denn dort gemacht?«, fragte das kleine Eiskristall überrascht.

»Sie hat den Elfen geholfen. Ihr müsst wissen, dass meine Oma ein wunderschönes Geweih hat. Die Elfen haben es benutzt, um die Wollfäden, die sie für ihre Handarbeiten benötigten, darum zu schlingen. So ließen sich die Fäden ganz einfach zu Kugeln aufwickeln. Wenn dann Schals und Mützen gestrickt wurden, ging das viel leichter und schneller!«

Bewundernd schauten Kajo und Flöckchen den Elch an.

»Macht sie das immer noch?«, wollte das kleine Rentier wissen.

»Nö. Es war ihr auf die Dauer zu langweilig so lange still zu stehen«, grinste Ayk. »Jetzt strickt sie lieber selber. Nun muss mein Opa immer herhalten, wenn sie ihre Wollfäden aufwickelt. Sein Geweih ist noch viel schöner, als das ihre. Außerdem macht es ihm nichts aus still zu stehen. Er hat sich noch nie gerne bewegt!«

Die drei lachten.

»Wollen wir etwas spielen?«, schlug das kleine Rentier vor. Und übermütig tobten sie durch den Schnee, den Kajo jetzt gar nicht mehr als so kalt empfand.

Für die drei Freunde begann eine wunderbare Zeit. Sie tollten herum, bauten mit Hilfe der anderen Eiskristalle Schneetiere und stellten viel Unsinn an. Am meisten Spaß hatten sie jedoch beim Rodeln.

Kajo und Ayk benutzten große Stücke Baumrinde als Schlitten und sausten darauf den Hügel hinab. Flöckchen fuhr mal bei dem einen, und mal bei dem anderen mit. Ab und zu stießen sie auch zusammen. Dann kippten sie um und purzelten durch den Schnee. Das war für das kleine Eiskristall immer ein besonderes Vergnügen. So konnten sie gleich »verstecken« spielen! Auf den ersten Blick gleicht zwar eine Schneeflocke der anderen, jedoch bei näherem Hinsehen gibt es große Unterschiede. Flöckchen amüsierte sich köstlich, weil ihre beiden Freunde immer ewig lange brauchten, bis sie sie unter den anderen Eiskristallen entdeckten.

Als der Winter sich dem Ende zuneigte und der Frühling Einzug hielt, war Flöckchen eines Tages verschwunden. Zuerst waren Kajo und Ayk sehr traurig, doch dann freuten sie sich, dass sie das kleine Eiskristall überhaupt kennengelernt hatten.

Das Rentier und der Elch erlebten noch viele gemeinsame Winter. Und in jedem Winter trafen sie eines der tausend Eiskristalle, das sprechen konnte; doch ihr erstes Flöckchen blieb für sie stets unvergessen!